THÈSE

POUR

LA LICENCE

Pichelin (Pierre)

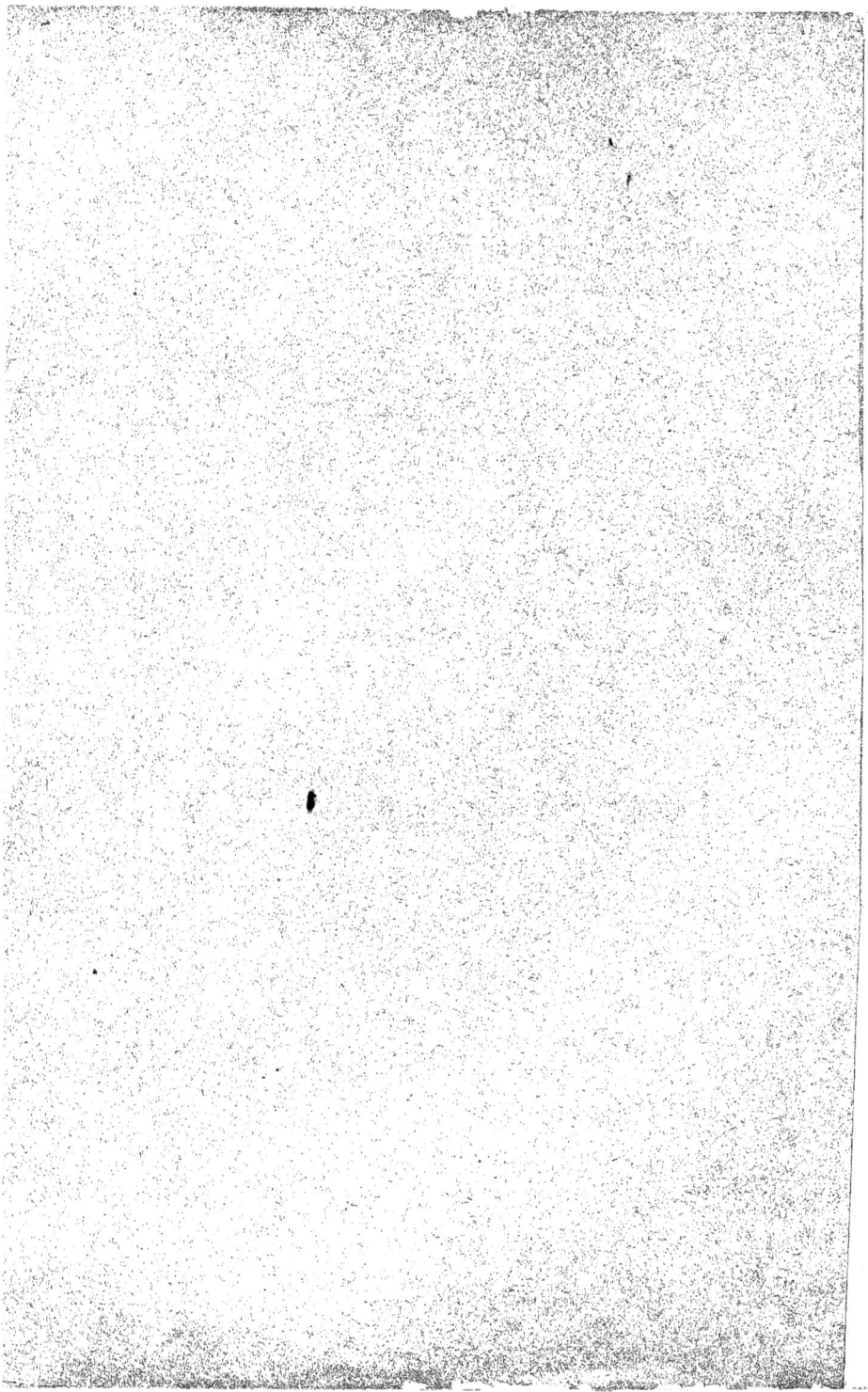

UNIVERSITÉ DE FRANCE. — ACADÉMIE DE RENNES

FACULTÉ DE DROIT

THÈSE POUR LA LICENCE

JUS ROMANUM

Qui potiores in pignore vel hypotheca habeantur.

DROIT FRANÇAIS

Des Hypothèques conventionnelles, au point de vue du droit de préférence.

Cette Thèse sera soutenue le Mercredi 24 Novembre 1869, à deux heures,

PAR PIERRE PICHELIN

NÉ A NANTES LE 25 NOVEMBRE 1847.

Examinateurs :

MM. BODIN, doyen, DURAND,	*Professeurs.*
MARIE, WORMS,	*Agrégés.*

NANTES

IMPRIMERIE VINCENT FOREST ET ÉMILE GRIMAUD

PLACE DU COMMERCE, 4, A L'ANGLE DE LA RUE DE GORGES.

1869.

A MON PÈRE ET A MA MÈRE

Hommage de respect et d'amour.

———

Ⓒ

JUS ROMANUM

QUI POTIORES IN PIGNORE VEL HYPOTHECA HABEANTUR

Dig. lib. XX, Tit. 4. — Cod. lib. VIII, Tit. 18 et 19.

Quos gradus inter creditores pignus vel hypotheca instituat, explanaturi, utile sumpserimus exordium, si primum, paucissimis verbis expenderimus, quâ institutorum serie, ad hypothecariam formam Romani pervenerint.

Ut primum venit in mentibus solis promissionibus non satis firmari credita, ad id contenderunt Prudentes ut specialibus illa tuerentur cautionibus. Tunc inventæ sunt cautionum illarum formæ, quæ, quia in personarum obligationibus consistunt, personales vocatæ sunt. Tunc quoque illæ quasi reales cautiones in quibus res ipsæ debitoris ad exsolvendum debitum specialiter obligantur.

In principio autem, nil meliùs inventum est, quàm ipsum rei dominium ad cavendam pecuniam, creditori transferre. Qui, si ad tempus non responderetur, facultatem habebat rem vendendi, sibique venditionis pretio satisfaciendi. Accedebat vero inter partes, quidam fiduciæ contractus, in quo promittebat creditor se, quum pecunia foret numerata, rei acceptæ dominium statim restituturum debitori. Ille autem cautionis modus debitori erat durissimus. Præterquàm enim quod debitor, amittendo suæ rei possessionem, in pessimam conditionem versabatur, illud fieri poterat ut, re semel mancipatâ aut traditâ, creditor fiduciam contrahere abnueret.

Hînc Prudentes *pignus* introduxerunt, in quo non jam dominium, sed possessio tantùm fuit translata. Dum autem pignus fiduciæ summum tolleret incommodum, haud minus debitorem rei pignoratæ possessione ejiciebat,

Debitor igitur nec re uti, nec rem alteri creditori obligare, nec priori etiam pro ratâ parte debiti, reliquam partem sibi retinendo, poterat.

Quum autem e græcis moribus, in jus latinum, a Servio prætore translata fuisset *hypothequa*, et jam a Servii successoribus e locati-conducti causâ ad omnem aliam causam fuisset extensa, tunc omnia veterum institutorum incommoda similiter disparuerunt. Hypotheca enim ne detentione tantùm debitorem ejiciebat, nedum dominio. Creditor autem, quum hypotheca eamdem ac pignus actionem ei tribueret, jam non possessionem, tempore quo conveniebatur, obtinere contendit. Inde tam parvo discrimine utriusque speciei cautionum adhibere nomina, assueverunt Prudentes, ut hæc asserere non dubitaverit Marcianus : « Inter pignus et hypothecam tantum nominis sonus differt. » Itaque semper debitori rei obligatæ possessio relinquebatur usque ad id tempus, quo, si non responderetur, illius possessionem, seu Serviana, seu quasi-Serviana actione creditor agendo, adversus quemcumque possidentem, obtinere poterat.

Eâ autem ipsâ ratione quod, traditione in hypothecis constituendis omissâ, pluribus jam creditoribus eadem res connecti poterat, illa gravissima quæstio oriebatur, definire scilicet quomodo horum creditorum concursus dirimeretur; aut potiùs, an omnibus creditoribus aut cui creditorum, ad possessionem obtinendam Serviana actio competeret?

Statuit igitur Prætor, quod inter omnes creditores, unus solus qui *potior* dictus est et possessionem et venditionem rei pignoratæ ad arbitrium suum consequi posset; alii vero creditores quibus ab eodem debitore eadem res obligata esset, nec possessionem nec venditionem obtinere possent, ita ut plane prioris arbitrio creditoris forent subjecti. Quæ lex tamen, *jure offerendi*, ut dicunt, fuit temperata.

Hâc vero in these, quum explanare debeamus qui, in diversis speciebus, potiores in pignore vel hypothecâ habeantur, nullo modo faciliùs omnem subjectam materiam amplecti poterimus, quam si ipsas nostrorum titulorum sumpserimus divisiones; scilicet :

1° Qui priores in pignore vel hypothecâ habeantur.

2° De his qui in priorum creditorum loco succedunt.

Singula singulis capitibus exponemus.

CAPUT PRIMUM

QUI POTIORES IN PIGNORE VEL HYPOTHECA HABEANTUR.

Ex his quæ supra diximus, jam satis apparet quàm sit excellens ista creditoris qui *potior* dicitur, sedes; quantique sit momenti plane definire qui creditorum hanc eminentissimam sedem obtineat. Huic autem gravissimæ quæstioni, his duabus responditur vulgatissimis regulis quæ in ipsâ rerum et juris ratione consistunt, scilicet :

Qui prior est tempore, potior est jure.
Qui concurrunt tempore, concurrunt jure.

Antequam autem harum duarum regularum ad studium aggrediamur, illud erit nobis potissime notandum : qui potior est ex causâ principalis obligationis, potior est quoque ratione usurarum, earum etiam quarum dies non cessit, quum de pignore convenerit. Quapropter quodcumque de principali obligatione dicemus, illud etiam de usuris quæ postea accedere possunt, debebitur intelligi. Ea quidem regula quæ clarissime constat ex leg. 18 (D. ht.), haud adeo justa visa est ut omnino in nostro jure induceretur.

I

Qui prior est tempore, potior est jure.

Hanc illa regula debet accipere interpretationem : qui prior de hypotheca convenit, ille in exercendis actionibus, omnibus posterioribus tempore creditoribus præferri debet. Inde qui prior est tempore, secundo præponitur. Debitor enim quum de pignore cum secundo creditore convenit, non potuit jura quæ ipse priori creditori concesserat, minuere. Quapropter jus secundi juri prioris omnino subjicitur. Hic invenitur fundamentum hujus præferentiæ regulæ quæ omnia in re jura regit. Quod rectissime Cujacius his verbis explicat : « Prioris temporis hypotheca firmior est, posterioris infirmior, quia in id tantum efficax est quo summa pignoris excedit summam prioris sortis. » (Paratitl. in C. qui potior.)

Ut vero quis prior est tempore in pignore intelligatur, inspicitur duntaxat quis de pignore, non quis de pecuniâ credendâ, prior convenerit. Unde, « si primus qui sine hypothecâ convenit, post secundum qui utrumque fecit, ipse hypothecam accepit, sine dubio posterior in hypotheca est. » (**L. 12, § 2.** **D. ht.**)

Cum autem talem inter creditores differentiam hæc prioritas afferat, haud nimiâ possumus diligentiâ perscrutari quomodo in diversis hypothecarum seu pignorum speciebus, illi gradus definiuntur.

I. *De hypothecâ purâ; aut in diem, aut sub conditione datâ.* — Si *pure* de hypothecâ convenerit, haud dubium est quin plane regula adhiberi debeat et die conventi pignoris creditori sedes assignetur. Idem facile adhuc admittitur quum de conventione *in diem* factâ agatur.

Quum autem de hypothecâ sub conditione convenerint partes, dubium videtur an gradus ex tempore conventionis vel contra ex tempore quo conditio evenit, assignari debeat. Eadem vero regula hic omnino transferri debet : « Quum enim, ut ait Gaius, semel conditio exstitit, perinde habetur ac si, illo tempore quo stipulatio interposita est, sine conditione facta esset. » L. 11, § 1. D. ht.) Nil igitur refert utrum hæc hypothecæ conventio pura sit, an in diem, aut etiam sub conditione.

Antequam autem ad alia transgrediamur, illud erit nobis accuratè notandum, scilicet : quod si ita conventum fuisset ut e sola debitoris voluntate dependeret conditio, quum adhuc nulla valida conventio exstiteret, non foret adhibenda regula. Quandiu enim mansit in potestate ejus qui pignus constituit ut res non esset pignori nexa, non potest videri pignus esse constitutum.

II. *Si generaliter, si specialiter hypotheca fuerit constitua.* — Hæc romanis legibus dabatur debitori facultas, sua generaliter bona pignori obligandi. Quærebatur igitur si regula « qui prior est tempore..... » inter generales ac speciales hypothecas conflictionem pariter dirimeret. Puta : si generaliter omnia bona pignori primum obligavero, dein alteri creditori definitum dedero fundum ; num prior creditor secundo potior erit in hoc prædio, quamvis ex cæteris prædiis suam pecuniam redigere possit ? Haud dubio in hoc quoque casu regula plane accipi debet. Ita vero partes pascisci poterant ut creditor ex omnibus bonis quæ generaliter acceperat, illa demum non persequeretur quæ posteriori creditori forent specialiter obligata, dummodo ex reliquis quæ nominatim ei assignata sunt suam pecuniam redigere posset. Quod si tale pactum intervenisset et reliquæ res priori sufficerent, in suo pignore secundus creditor confirmari debebat. Tunc enim, ut ait Papinianus « secundus creditor in pignore postea dato non tam potior quam solus invenitur. » (L. 2. D. h. t.) Paulatim autem adeo frequens factum est id pactum in hypothecis generaliter constituendis, ut ab Antonino et Severo rescriptum fuerit illud semper subaudiendum esse : « Ideoque si certum est, posse eum (priorem scilicet creditorem) ex iis quæ nominatim ei pignori obligata sunt, universum redigere debitum ea, quæ postea ex eisdem bonis pignori accepisti, interim tibi non auferri, præses provinciæ jubebit. » (L. 11. C. De Pign. et hyp.). Inde jam nullus concursus inter generales specialesque hypothecas exoriri potuit, nisi bona quæ non erant specialiter data, prius excussa fuerint.

III. *De prætorio pignore necnon, de pignore judiciali.* — Si decretis prætoris creditores in possessionem debitoris fundi, vel hæreditarii cujusdam prædii illi qui sub conditione legatum acceperunt, missi fuerint, prævalet adhuc jure qui prævenit tempore. Idem intelligi debet, quum ex causâ judicati, per pignoris capionem, in possessionem bonorum debitores, aliqui creditores invecti sunt. Illud autem in utroque casu notandum est, quod, quia potiùs cum antiqui pignoris, quam ipsius hypothecæ naturâ, hæc pignora congruunt, suam sedem non ex tempore decreti aut sententiæ editæ, sed ex possessione captâ, obtinent. His vero notatis, istiusmodi pignora regula communis plane amplectitur.

IV. *Si res futuræ pignori datæ sint.* — Apud Romanos, plane facultas erat ventura bona etiam sine præsentis, hypothecæ constituere. Inde Gaius (L. 15, § 1. D. De pign. et hyp.) rectissime notat res alienas jure dari posse pignori, dummodo sint pignora generaliter constituta, quia sub hâc conditione data esse intelligi possunt : « Si in dominio res pignorata pervenerit. » Sed quum diversis creditoribus res eædem futuræ fuerint obligatæ, an communis regula : « Qui prior tempore.... », illorum quoque concursum dirimere debeat ? gravissime quæritur. Nusquam enim nisi legibus 7 et 21, ubi quæstio obliquè tantùm respicitur, ullum apud veteres auctores responsum, reperire est.

Non tamen possumus credere quod in hâc specie, temporum prioritas jam non prosit. Quum enim hanc lex romana facultatem tribuat, jura in futuris rebus instituere, haud facile discerni potest cur non pariter diversi gradus inter hæc jura discerni possent. Quæ quum ita sint, quomodo facultas debitori relinqueretur, jura quæ ipse constituit ad libidinem minuendi ?

Præterea, si verum est hanc positam fuisse regulam : « Qui prior est tempore, potior est jure », ut in omnibus casibus creditorum qui hypothecam acceperunt, concursus dirimat, illam haud poterimus in præsenti specie respuere, donec in ipsâ lege clarius inscripta nobis exceptio ostendatur.

V. *Si res aliena pignori data sit.* — Si res a non domino fuerit obligata, duæ offeruntur quæstiones : an primum ulla ex tali conventione actio competere creditori, atque idcirco unquam prioritas discerni possit? Dein, si prima quæstio affirmative resolvatur, qui creditorum primam sedem obtineat?

Notandum est autem ante omnia, nullo modo in disputationem illum casum inferri posse, quo debitor id tantum in quod res aliena sibimet obligabatur, pignori credidit. Sufficit enim ut ad eum qui pignus instituit res *pertineat*. Sed, « illud verbum *pertinere*, ait Pomponius latissime patet : nam et eis rebus petendis aptum est, quæ dominii nostri sint, et eis quas jure aliquo possideamus, quamvis non sint nostri dominii : pertinere ad nos etiam ea dicimus, quæ in nulla eorum causa sint, sed esse possint » (L. **181**. D. De verb. sign.) Item de hypothecâ dicendum est, quæ sub hâc conditione tradita est : « Si in dominium pervenerit. » Hæc enim stipulatio plane hypothecam in rem futuram instituit et jam istiusmodi hypothecas suprà explanavimus.

Quum autem a non domino se dominum fingenti constituitur hypotheca, quæ sunt observandæ regulæ, quæritur.

Illud primum animadvertendum est quod si ex voluntate domini data fuerit res aliena, aut, si, ignorante eo, et ratum postea habuerit, pignus, salvis tamen illorum juribus qui antea cum domino de re convenerunt, plane convalescet. (L. 20. D. De Pign. et hyp.) Inde, quia censetur dominus suam voluisse recurrere ratihabitionem ad illud tempus quo de pignore conventum est (L. 16. eod. tit.), casus ad communem legem prorsus reducitur.

Imo quamvis dominus hypothecam non ratam habuerit, tamen si postea debitor rei dominus esse cæperit, creditori æquitatis gratia *utilis* actio *in factum pignoratitia* competit. (L. 41, D. de pign. act.) Tunc, quia valide censetur contraxisse debitor, quæque hypotheca ex die conventionis sedem obtinet. Potior ideo jure adhuc invenitur qui prior fuit tempore.

Non autem hæc utilis actio competit nisi creditor bonâ fide de constituendâ hypothecâ convenerit. Si verò quum pignora acceperit creditor rem ad debitorem non pertinere, cognoverit, in istas versatur causas hæc conventio de quibus lex non curat. Quapropter, deficiente hypothecâ, nullus inter creditores ordo definiri potest. Quod si vero, nescio quo casu, quidam ex eis in possessionem ingressus fuerit, confirmabitur, quia *in pari causâ , melior est causa possidentis.* (L. 1. Pr. D. de pign. et hyp.) —(L. 9, § 3, D. ht.)

Item dicendum est si a diversis non dominis idem pignus fuerit constitutum. Quippe quia, nullus inter creditores ordo potest institui, « possessor, melior » est. (L. 14, D. ht.)

Hanc denique nobis quæstionem expendemus : quod si, inter primum cujus hypotheca, quamvis in re aliena fuerit constituta, actione utili confirmata erit quia res in possessionem debitoris postea venerit, et secundum qui posterius eamdem rem pignori acceperit, sed hoc pacto : « Si res in dominium pervenerit, » sit concursus, quis amborum præferatur ? Secundus, ut nobis videtur. Quia, quum res non in manus debitoris pervenit, nisi secundi obligata credito, nullum tempus inveniri potest quo pignus primi convalescere potuerit. (Aff. L. 9, § 3. D. ht.)

N. B. — Ut quæ de nostrâ primâ regulâ dicere debemus, omninò absolvantur, illud nobis observandum erit quod de prioritate pignoris quæstioni locus esse non potest quum vel diversæ res, vel ejusdem rei diversæ partes fuerint obligatæ. Quum autem evidens sit hæc observatio, haud adeò facile applicatur in specie sequenti quam Papinianus rectissime enucleat. (L. 3, § 2. D. ht.) Hic verò procedit difficultas ex eo quod apud Romanos (id est omnibus notum) ex divisione non tantum addicebatur, sed verius *tranferebatur* dominium.

Quod si igitur antequam dividerent ambo fratres fundum communem, obligaverit primus partem quam pro indiviso habebat, id jure fecisse constat. Hinc post divisionem, quum *inter alias partes* sit facta, creditori nihilominus pignus suum, scilicet dimidia *utriusque* partis, obligatum remanebit. Quæ quum ità sint, a primo secundo post divisionem promissum est quod lueretur hoc pignus ; et in id, dimidia pars regionis quæ obtingeret, ab ipso obligata. Inde, si liberatio non sequeretur, quærebatur, an prior creditor secundo præferri deberet ? Existimat autem Papinianus ne concursum quidem inter utrumque creditorem exoriri posse, « quoniam secundum pignus *ad eam partem directum videbatur,* » *quam ultra partem suam frater, non consentiente socio, non potuit obligare.* »

His notatis, ad secundam nostram regulam transgrediamur.

II

Qui concurrunt tempore, concurrunt jure.

Ita explicari debet ea regula, ut si duo creditores eodem tempore de eodem pignore convenerint, quum nulla inter utriusque causam juris differentia inveniri possit, idem juris uterque obtinere debet. Quapropter ita concurrunt jure creditores ut quisque pro quantitate debiti pignus sibi habeat obligatum.

Oportet autem ut exactissime concurrant creditores tempore; illud enim certum est eum qui semel pignus alicui constituit, non posse postea alteri pignus constituendo, jus ex eo prius quæsitum, imminuere; hinc facilè apparet pessimè quosdam regulam nostram interpretari, qui asserunt prioritatem horarum et momentorum non attendi inter eos quibus eodem die pignus constitutum est.

Sed contrà, nostra regula adhiberi debet in illo etiam casu quo diversis quidem temporibus res fuit obligata, si nullo modo definiri potuerit qui creditorum *prior* de hypotheca convenerit. In dubio enim, eodem tempore convenisse uterque censetur. Illud etiam dici debet quod ad istum potissime casum regula nostra pertinet, quia haud persæpe invenitur duos creditores in eodem plane tempore, de eâdem re convenisse.

Accidit autem ut si alter creditorum in possessionem ingressus fuerit, possidentis favore hæc nostra regula perrumpatur. Ulpianus enim : « Si debitor res » suas duobus simul pignori obligaverit ita ut utrique *in solidum* obligatæ » essent, singuli in solidum adversus extraneos Serviana utentur, inter ipsos » autem, si quæstio moveatur, *possidentis melior est conditio ;* dabitur enim » possidenti hæc exceptio : *Si non convenit, ut eadem res mihi quoque pignori* » *esset.* » (L. 10. D. de pign et hyp.) Dein notat idem privilegium possidentis exstare non posse, si res pro partibus fuerint obligatæ.

Aliunde vero sibimet Ulpianus dissonare videtur : « In Salviano, ait, inter- » dicto, si in fundum communem duorum pignora sunt ab aliquo invecta, • possessor vincet, et erit eis descendendum ad Salvianum judicium. » (L. 2. D. de Salv. Interd.) Illud enim facile concludi posset quod si ex possessoris in petitorium lis transferretur, possidentis causa in communem conditionem caderet. Atqui, quum interdictum Salvianum non de omni pignore, sed de illis tantum pignoribus detur quæ in fundum sunt a colono inducta, sed hypothecario creditori nulla possessoria, sed petitoria tantum via offeratur, si in petitorio privilegium possidentis succumberet, nullum jam exstaret possidenti privilegium. Inde facilè concluderetur inconstantem in suâ doctrinâ fuisse Ulpianum.

Sed non ægrè tolli potest controversia si hæc secunda species attentiore animo consideretur : non enim in illâ reperimus duobus dominis res illatas in *solidum* obligatas esse ; sed potiùs quum illorum tacite constituta est hypotheca, *tacita* quoque *conventio* intervenisse censetur quâ res illatæ utrique pro partibus forent obligatæ. Ex hoc patet quod si in Salviano interdicto possessor vicit, in Serviano saltem judicio ejus victoria subsistere non potest.

Quapropter nihilominùs hâc secundâ lege prioris legis vim commoveri, existimamus. Quum autem illud in possessione tantum nitatur privilegium, si semel possessio cessaverit, suam statim nostra regula potestatem recuperat.

III

Quas exceptiones patiatur regula : prior tempore, potior jure.

Has exceptiones, quum maximi sint momenti, in speciali sectione explanare statuimus. In illo enim titulo hæc præsertim a nobis enucleanda erit quæstio, pignorum scilicet quæ propter favorem causarum privilegiatas sedes obtinent. Ut vero meliùs omnium exceptionum seriem amplectemur, in primo paragrapho duos casus qui, quamvis ad privilegia nullo modo contingant, nostram tamen regulam subvertunt, statim inspiciemus.

§ I.

Illud primùm evidens est quod prior posteriori creditori non præfertur, cujus pignori consenserit. Suam enim sedem ultrò cessisse videtur.

Gravior autem exceptio ex constitutione quâdam Leonis imperatoris nascitur. (L. 11. C. Qui potior.) Ex hac enim constitutione constat, hypothecas quæ *instrumentis publice confectis nituntur,* aut saltem forte probatæ atque integræ opinionis trium vel amplius virium, (si ἰδιοχείρῳς conficiantur), subscriptionibus, illis præponi hypothecis quæ anteriori tempore, non autem similibus formis fuerunt constitutæ.

§ II.

Nunc ad illa credita venimus, quæ privilegiatam, inter hypothecarias actiones, causam obtinent, In primum dicendum est nullo modo nisi ex ipsâ lege privilegia nasci posse.

Duæ vero inveniuntur privilegiorum species : privilegia primum quæ quia personalibus actionibus accedunt *personalia* dicta sunt, dein illa quæ hypothecariis, et *realia* appellamur. Utrique privilegiorum generi id est commune, quod ex causâ debiti veluti ex causâ dotis, ex causâ tutelæ, ex causâ publicâ vel fiscali, non autem ex tempore æstimantur. Ita ut novissima credita si majorem favorem obtineant, senioribus etiam creditis præferantur.

Sed ex aliâ parte hæc duo genera longe distant quod qui creditores *personale* privilegium habent chirographarios tantum antecellunt, dum ab hypothecariis vincuntur. Quod in hâc lege expressè dicitur : « Eos qui acceperunt pignora , » quum in rem actionem habeant, privilegiis omnibus quœ personalibus » actionibus competunt, præferri constat. » Quibus autem illa competunt quæ *realia* vocavimus privilegia, omnibus hypothecariis creditoribus præferri datur.

Quapropter illud tantum privilegiorum genus nobis erit explanandum : Numerabimus autem primum hypothecas quæ privilegium obtinent, dein videbimus quos inter eas gradus lex ipsa disponat.

I. Ejus primùm privilegium obtinet hypotheca a quo in rem conservandam aut reficiendam, aut comparandam, impensum fuerit et in quantum. Hæc autem privilegii ratio datur quod « hujus (illius scilicet qui credidit) pecunia » salvam fecit totius pignoris causam. » (L. 6. D. ht.). Veluti « si quis » in merces sibi obligatas crediderit, vel ut salvæ fiant, vel ut naulum exsol- » vatur, *potentior erit, licet posterio sit.* » (L. 6. D. ht.). « Item, ejus cujus » pecuniâ prædium comparatum probatur, quod ei pignori esse specialiter » obligatum esse convenit, omnibus anteferri, juris auctoritate declaratur. » (L. 7. C. Qui Potior.)

His autem in omnibus casibus, quanquam lex sola privilegium instituat, non ideo hypotheca in quâ nititur privilegium ipso jure constituitur. Nulla enim lex est quæ in his casibus tacitum pignus dederit. Quapropter si non de pignore specialiter convenero, nullum pignus habebo, nedum privilegiatum.

Aliquot tamen inveniuntur species, in quibus, causarum favore, et privilegium, et ipsum pignus ex solâ lege nascuntur.

Si primum ex nummis *pupilli* fuerit res comparata : hìc autem parum refert ad acquirendum ipsum privilegium utrum creditor pupillus sit necne. Vidimus enim nuperrimè eumdem privilegium omni creditori competere posse. In hoc tantum creditoris conditio interest quod pupillo, etiam citra conventionem, ex lege Severi et Antonini, tacitum pignus in eâ re datur.

Item, creditor qui ob *restitutionem ædificiorum* crediderit, quum in pecuniam quam crediderit, privilegium exigendi habeat, (L. 25. D. de reb. cred.), tacitam quoque in iisdem ædificiis obtinet hypothecam. Inde clarissime apparet summam factam esse differentiam inter *restituere* et *reficere* domum. Quum enim plus multo sane sit *restituere* quam *reficere*, hypothecam tacitam dari constat ei qui ad domum restituendam credidit, dum ei qui credidit ad reficiendam, tantum pignus non citra conventione dari, nuperrime vidimus. Huic eminenti privilegio causa est quod reipublicæ interest *ne urbs ruinis deformetur !*

Similiter idem privilegium, eamdemque tacitam hypothecam, ad eum quoque « qui redemptori, domino mandante, nummos ministravit, » Papinianus affirmat. (L. 1. D. In quib. caus. pign.). Ex quo enim dominus de præstandis nummis mandavit, etiam sine speciali conventione, rem emptam creditori obligatam esse censetur.

II. Aliud inter hypothecas privilegium reperitur, quod Novellâ XCVII, fuit illatum.

Illa quidem Novella XVII privilegium potiùs confirmasse quam introduxisse videtur. Ex constitutione enim ipsius Justiniani (L. ult. C. VIII. 14.), necnon ex Novellâ 53, C. 5, constat quod jamdiu *militiæ*, id est, quæcumque Palatina vel civilia officia, illis qui ad illa emenda pecuniam crediderant, hypothecæ dari solebant. Primum quidem multum disputatum erat utrùm militiæ, hypothecæ vinculo constringi possent, an contra eas, quum sint publica munera, liberas esse oporteret. Ut vero primum lege et moribus definitum fuisset militias oppignorari posse (non tamen sine quibusdam temperamentis), istiusmodi hypothecæ in causâ communi privilegiorum versari cœperunt, quæ pro pecuniâ ad rem comparandam creditâ, tribuuntur. Evenit autem ut, quo faciliùs ad comparandas militias pecuniæ mutuarentur, hæc Novella XCVII in specialem privilegii causam illas hypothecas traxerit. His enim eminentissimam sedem

inter privilegia assignavit. Quod in suo loco faciliùs simulque clariùs exponemus.

N. B. Ut vero istam sedem creditoris pignus obtineat, illud quoque exigit
Novella XCVII ut *expresse scriptum sit in instrumento* creditum fuisse aurum ad
militiam emendam et revera gestum fuerit. (Hâc in Novellâ credimus primam
inveniri mentionem hujusmodi pacti quod *clause de destination* gallice vocamus.
De hoc vero alio pacto quod *clause d'emploi* appellamus, nullam mentionem reperire est; sufficit ut, *re veragestum fuisse* negotium quoquo modo
comprobetur.)

III. Nunc ad istud privilegium transgrediamur quod ab *uxorio* imperatore,
mulieribus, pro dotibus exigendis, fuit attributum. Quæ lex (L. ult. C. qui
potior.) sane iniqua prorsùs et a juris principiis absonans semper meritò visa
est. Ita ut, ne unquam ullum in mentibus dubium nasci possit an ista pessima
lex fuerit deleta necne, illam expressis verbis repudiare in art. 1572 nostri
Codicis, qui nostras leges scripserunt, haud inutile crediderint.

Quæ vero lex quum sit celebratissima, ab ipsâ origine quæstionem repe-
tamus.

Jure veteri, mulier causâ dotis habuit privilegium exactionis in personalibus
tantum actionibus, ex quo primum locum tenebat inter omnes creditores chirographarios, ut scilicet suam dotem consequeretur ante omnes, cum bona mariti
possessa venibant. Inter hypothecarios autem nullam sedem, nisi temporis et
antiquitatis, quum expresse hypothecam ad exigendam dotem convenisset,
obtinebat.

Hæc in jure prisco habebantur. Anno autem 529, antiquas leges Justinianus
subvertere cœpit (L. 30, C. de jur. dot.) : qui tacitam hypothecam et simul
privilegium inter omnes hypothecarios creditores mulieri competere voluit, sed
in rebus dotalibus tantum, vel in rebus ex eis comparatis. Inde fiebat ut, si
maritus, exstante matrimonio, res dotales alienavisset, illas jure hypothecæ
et privilegii persequi et ex illis quemcumque possessorem dejicere, mulieri
daretur.

Anno autem proximo (530), quum consideravisset imperator mulieres, quia, de
re vendendâ consentiendo, hypothecam et privilegium sibi competentia abnuere
poterant, contra suas libidines haud satis tueri, illas etiam tacitam hypothecam
in omnibus bonis mariti habere constituit. (L. 1, § 15, C. de rei uxor.)

Justinianus postremo in hâc lege ultimâ (531), inter hypothecarios etiam

creditores mulieri privilegium dedit, quo excluderet antiquiores creditores et hypothecas. Ut autem suæ constitutionis rationem reddat, hoc, sane insolenti, argumento utitur : « Quum in personalibus actionibus, secundum quod dixi-
» mus, tali privilegio utebatur res uxoria, quapropter non in hypothecæ hoc
» mulieri etiam nunc indulgemus beneficium... » Hic videtur Justinianus nullo modo intellexisse quàm sint chirographariorum et hypothecariorum creditorum diversæ conditiones nec quàm sit injustum debitori facultatem tribuere jura quæ ipsa in rebus suis concedit ad arbitrium suum infirmare.

Notandum est tamen istud privilegium mulieri in dotem tantum exigendam, datum esse. Quum autem de *donationibus propter nuptias* ageret, nullum un-quam aliud privilegium quam sui ipsius antiquitatis inter creditores obtinuit. Et ratio quidem differentiæ proponitur, quod mulier in donatione obtinendâ de lucro captando, in repetendâ autem dote de damno vitando contendit.

Hanc quoque restrictionem mulieris patitur privilegium, quod priorem conjugem vel anterioris matrimonii liberos quibus pro dote matris suæ idem competit privilegium, secundæ conjugi anteferri non datur. Quippe, quum sane justum est ut in filiis matris suæ jus servetur incorruptum, « duabus
» dotibus ex eâdem substantiâ debitis, ex tempore (quod tacitâ hypothecâ
» assignatur) prærogativam manere » oportet.

IV. Quod vero ad ordinem inter privilegia attinet, brevi sermone absolvemus. Circà illam materiam illæ traduntur regulæ, quod : « *Privilegia non ex tempore*
» *æstimantur, sed ex causâ, et si ejusdem fuerint tituli, concurrunt, licet diver-*
» *sitas temporis in his fuerit.* » (L. 32, D. de reb. auct. jud.) Quarum ratio facile perspici potest, quum consideratur ob ipsum nominum privilegiatorum favorem illum ordinem, qui temporum diversitate constituitur, lege subverti.

Quos autem inter nominum causas ipsa que nomina, gradus instituat lex, multum interest explanare. Huic quæstioni responsum in capitibus 3 et 4 Novellæ 91 potissimùm est inquirendum, in quibus controversias de privile-giorum causis natas ipse imperator dirimere conatus est.

Eodem quo antea erga mulieres favore impulsus, declarat Justinianus
« quod, licet quis alterius pecunia agrum emisse, licet quis domum vel etiam
» prædium renovasse videatur, talia privilegia mulieribus opponere nequeat...,
» dotem (enim) ipsarum, ait, minui nullo modo permittimus. »

Hæc igitur ponitur regula quod mulier, in exigenda dote, omnibus aliis cre-ditoribus privilegiatis præfertur, illis scilicet quorum pecuniâ res mariti vel refectæ vel etiam emptæ fuerunt. Sed in capite 4 Nov. XCVII, (quod jam antea leviter attigimus), excepit illos Justinianus qui emendæ militiæ causâ marito pecunias mutuaverunt. Quæ causa tam eminens Imperatori videtur ut creditori qui sub prædictis conditionibus in id mutuaverit, mulierem ipsam superare concedat.

CAPUT SECUNDUM.

DE HIS QUI IN PRIORUM CREDITORUM LOCUM SUCCEDUNT.

Jam nostri operis primam partem exsecuti sumus, in quâ inspeximus qui inter hypothecarios creditores *potiores* habeantur. Dum autem huic potiori creditori, ut jam supra ostendimus, suæ præstantiâ sedis contingeret et rei pignoratæ possessionem obtinere et consequi distractionem, aliis créditoribus, nil aliud, stricto jure, relinquebatur, quam nomen suum secundum suum ordinem ex re exigere quum priori creditori pignore distrahere liberet.

In nostris autem titulis inspicitur quomodo quis in istum commodissimum potioris creditoris, id est prioris, locum, succedere possit. Quæ successio fieri non potest, nisi suum debitum priori creditori fuerit expensum. Effici vero potest, seu primum debitum in alium debitum novetur, seu nulla novatio debiti sequatur obligationis exstinctum.

I

Successio quidem invenitur, nullâ novatione factâ, quum e debitore omnem sui nominis solutionem prior creditor consecutus sit. Tunc enim, prioris plane exstincto jure creditoris, secundus primam sedem ipsâ rerum naturâ obtinet.

II

Quum autem facta fuit novatio, haberi successio potest seu *creditor*, seu *res ipsa debita* mutetur.

Si primum fiat novatio per *mutationem rei debitæ*, priori remanente in suo loco creditore, nihilominùs invenitur successio. Quamvis enim in illo casu primum quidem extinctum sit debitum, æquum tamen visum est creditorem, prioritate quam anteriori conventione obtinebat, non destitui. Inde novatione factâ creditor in suum locum successisse dicitur, ut ipsos creditores qui ante novam conventionem eadem pignora acceperunt, perindè ac si non exstiterit novatio, adhùc devincere possit. Igitur, quum in novâ conventione priora pignora creditor accepit, *in suum locum successisse* censetur.

Si vero fiat novatio per *creditoris mutationem*, tunc novus creditor in locum prioris creditoris succedere potest. Quæ successio fit per *subrogationem* quum, postquam debita pecunia priori creditori fuerit exsoluta, ei qui nummos minis-travit hujus *actiones translatæ fuerunt.*

Illa vero actionum translatio, diversis rationibus fieri potest. Evenit autem seu *ultrò* suas actiones cedat creditor, seu illas, etiam *invitum,* lex eum cessisse præsumat.

1° Quum ab aliquo solutionem accepit creditor, ei suas *hypothecarias actiones,* ideoque suam prioritatem ultrò conferre potest, dummodo expressis verbis cessio exsolutionem sit exsecuta.

2° Hæc autem cessio ipsâ vi legis procedere potest. — Quod in diversis speciebus nunc explanare debemus.

I. Tenetur primum creditor jus sui nominis, si de hoc requiratur, in eos transferre, quibus *beneficium cedendarum actionum* lex concedit, id est, correis, fidejussoribus, mandatoribus a quibus suum recipit. Sic correus, fidejussor... quia ipsis tenetur creditor ut suas cedat actiones, ejus locum omnimodo occupant.

II. Item dicendum est, si fundi possessor, quum ad fundum venerit hypo-thecarius creditor, illi, eâ lege ut succederet, exsolverit (L. 19. D. ht.). Quo fit ut si secundus creditor de eodem fundo convenerit, illum agentem eâ excep-tione repellere poterit creditor : « Si non convenit ut mihi antea pignori hypo-thecæve nomine, sit res obligata. » (Quod in nostras leges, art. 1251, C. N., omnino fuit translatum.) De hâc autem specie, quum in nostrâ lege 19 de « justo » possessore Scœvola loquatur, an idem beneficium qualicumque aut justo tantum possessori competat? Quæritur. — Aliàs enim, (L. 12, § 1. D. Quib. mod. pign. solv.) Paulus asserit : « A vindicatione rei eos (hypothecarios » scilicet creditores) removeri solere si qualiscumque possessor offerre vellet » Neque enim debet quæri de jure possessoris cum jus petitoris removeatur, » soluto pignore.» Quum autem Pauli multo clariora quam Scœvolæ sint verba,

3

ita concludendum esse videtur, inter se non verè discrepasse hos Prudentes, sed potiùs exemplum quam regulam Scævolam posuisse.

III. Ipso jure etiam in prioris creditoris locum succedit *qui, ad dimittendum eum, debitori pecuniam suppeditavit.* Quæ actionum cessio fit solâ vi legis, nesciente etiam aut invito priori creditore. (L. **12**, § 8 et 9. D. ht.) Illud autem beneficium, ut ait Dumoulin, « meritò est jure introductum et moribus confirmatum, quia creditoribus damnum non infert, debitoribus autem prodest, quò faciliùs viam inveniant dimittendi acerbiorem creditorem, vel commodiùs mutuandi. » (De Usuris, nº 276.)

Nemo autem illo beneficio gaudere potest nisi « sub hoc pacto credat ut idem pignus ei obligetur et in locum ejus succedat. » (L. **1**. C. de his qui.) — Quapropter non sufficeret ut probaretur ad priores creditores nummos pervenisse. Sed intervenisse debet illud speciale pactum. Alioquin, nullam aliam, qui pecuniam prestat, sedem obtineret, nisi inter chirographarios creditores.

IV. *Emptor* quoque *rei pignoratæ* hâc successione fruitur cujus pecunia prior creditor dimissus est. (L. **17**. C. ht. — l. 3. C. de his.)

Quâ de causâ hujus actionum cessionis lex emptori concedat beneficium, facillimè perspicitur. Quia enim potiorem creditorem ad id tantum solvit ut rei pignoratæ possessionem retineret, justum sane est ut vi hypothecarum suum jus tueri possit.

An vero necesse sit ut eâ lege solverit emptor ut in priorum creditorum succederet, disputatur. Quanquam autem specialiter de eâ re pasciscendum esse Pothier affirmat (Poth. in leg. cit.), negare cum Cujacio necnon et cum pluribus auctoribus, legibus quæ ad rem pertinent inspectis, non dubitabimus.

V. Idem competit beneficium creditori hypothecario, qui alio hypothecario in eamdem rem creditori, pecuniam obtulit. Loquimur autem de *Jure offerendæ pecuniæ* quod ex omnibus successionum generibus, summum momentum obtinet.

Ità jus illud definiri potest, quo qualiscumque hypothecarius creditor, quemlibet alterum creditorem hypothecarium, omne quod debetur, exsolvendo, in locum ejus succedere potest.

Ex quo jam suprà diximus de prioris creditoris jure, satis conjici potest quæ sint hujus beneficii commoda. Quum enim priori soli creditori rem et persequi et distrahi competat, nullo modo potest posterior creditor nec venditionem quum expediens existimet momentum obtinere, nec etiam priorem impedire creditorem quin in iniquo tempore rem distrahat. Quod eò durius est quod multò minùs momenti ad venditionem eligendi, facultas, priori quam posterioribus pertinéat.

Illo autem *jure offerendi* hoc plane sublevatur incommodum, quo opportunum tempus èligendi facultatem, posterior creditor obtinere potest.

De illo igitur maximo beneficio videamus :

1° Qui creditorum illud consequi possint?

2° Quomodo acquiratur?

3° Quo in loco creditor, oblatione factâ, constituatur?

1° *Qui creditorum illud consequi possint.* — Huic quæstioni, ipsis Pauli verbis respondemus : « Novissimus creditor priorem, oblatâ pecuniâ, quo possessio » in eum transferatur, dimittere potest. Sed et prior creditor secundum credi- » torem, si voluerit, dimittere non prohibetur, quanquam ipse in pignore » potior sit. » (Paul. Comm. III. 13 § 8.) Quod leg. 5. C. qui prior..., adhùc confirmatur. Ea igitur regula definiri potest quod *cuilibet* hypothecario creditori illud beneficium haud dubio competit.

De hâc specie primum videamus quâ, a posteriore creditore, anteriori pecunia offeratur. Quæ quidem eo quod multùm posteriori interest creditori, suum jus confirmare, multo frequentiùs inveniri debet. Quod si vero inter plures creditores sit offerendi concursus, quomodo dirimatur conflictio, quæritur? — Præferentiam credimus fore ei qui numerosiores solutiones obtulerit.

De hoc autem quod Paulus affirmat, a priori quoque creditore secundum creditorem dimitti posse, haud tàm faciliùs apparet, quid commodi priori creditori hæc dimissiò conferat. Sed hoc illâ etiam interesse potest; in id, videlicet, ut nomen quod ferat usuras, sibi confirmet; — et in hâc specie præsertim quâ « debitor ipsi priori creditori pignora in solutum dederit vel vendi- » derit. » (L. 2. C. si antiq. cred.) Quum enim in hoc casu non magis aliis creditoribus persecutio adempta sit, quam si cuilibet easdem res debitor vendiderit, emptori sane interest ut e possessione suâ non dejiciatur. Ea vero species ad illud quod suprà diximus, potiùs quidem pertinet.

2° *Quomodo acquiratur istud beneficium.* — Solutione factâ ejus quod priori creditori debetur, solvens creditor in ejus locum, *ipso jure,* succedit. Imò sufficit ut priori creditori pecunia fuerit oblata. Nihilò enim ad eum pertinet offerentis creditoris juri, oblationem respuendo, impedimenta ponere. Quod ex multis legibus, ex hâc autem clarissimè constat : « Qui pignus secundo loco » accepit, ità jus suum confirmare potest, si priori creditori debitam pecuniam » solverit, aut quum obtulisset, isque accipere noluisset, eam assignavit et » deposuit, nec in usus suos convertit. » (L. 1. C. qui potior.) — Idem, quæcumque sit prioris creditoris conditio, etiam dicendum est. Hinc Diocletianus et Maximianus : « Si prior respublica contraxit, fundus que ei est obli- » gatus, tibi secundo creditori offerenti pecuniam potestas est, ut succedas » etiam in jus reipublicæ. » (L. 4. C. De his qui.)

Ea autem esse debet oblata summa ut ex illâ prioris creditoris impensæ in solidum exsolvantur. Quare si sub usuris a priori creditore fuerit creditum, ei usuræ quæ præstandæ erant cum sorte offerri debent. Sed id quoque notandum est quod offerre sufficit illud debitum pro quo prior creditor offerentem antecedat, non quod ei ex aliâ causâ debeatur. Videlicet, si Titio, primus quinquaginta, dein Seius quadraginta, posteàque idem primus vigenti crediderit, sufficiet ut Seius quinquaginta primo offerat. Postponitur enim « primus creditor in summam quam posteà eidem debitori credidit. » (L. 20. D. ht.)

Ut vero facta est solutio aut saltem oblatio cum assignatione, satis est, successioque statim, sold*vi legis,* operatur. Nullo igitur pacto opus est, quia ad id tantum exsolvisse censetur creditor, ut prior et potior creditor eveniret.

3° *Quo in loco creditor, oblatione factâ, constituatur.* — In id creditor offerens priori creditori succedit ut omnes ejus, tam hypothecarias quam personales adversus debitorem, actiones, exercere possit. Ità et debitor et res debitoris ei tenentur « tam in suum debitum quam in primi creditoris et in usuras suas et quas primo creditori solvit, » et in usuras utriusque nominis quæ ante solutionem adhuc currere poterunt.

Dum autem ei competat exigere omne quod priori creditori debebatur, illud observandum est quod, quæ inutiliter, ut usurarum usuras, exsolverit, nullo modo repetere potest. (L. 16, § 19. D. ht.) Quâ etiam in specie, specialiter Diocletianus et Maximianus hæc rescripsère : « Secundus creditor offerendo priori debitum, confirmat sibi pignus; et a debitore sortem, ejusque tantum usuras quæ fuissent præstandæ, non etiam usurarum usuras accipere potest. » (L. 22. C. de pign. et hyp.)

Hìc autem gravissima quæstio oritur, definire scilicet, an illâ successione quæ offerenti creditori competit, alia etiam quæ prioris nomini creditoris accedere potuerunt jura pariter transferantur. Videlicet, si priori conventioni fidejussores accesserunt, an erga novum creditorem obligati remaneant, an contrà, oblatione factâ, subleventur omninò? Quæritur. — Hanc vero secundam opinionem sane meliorem esse dicemus. — Prima quidem in hoc potissimum nititur quod in nonnullis fragmentis invenitur, creditorem, oblatione factâ, in *locum et sedem* (nullum quidem discrimen habetur) prioris creditoris succedere (L. 12, § 6. D. ht.), et in eâ lege præsertim : « *Plane*, quum tertius creditor de suâ pecuniâ dimisit, in *locum ejus substituitur.....* » (L. 16. D. ht.). Quæ vero parùm nos movent : quum enim in novatione, ipso jure, exstinguantur omnia quæ nomini accedunt jura, inveniri deberet regula, quæ *beneficium juris offerendi,* ex communi novationum causâ, exciperet. Quæ vero, in nostris titulis, illatæ sunt novationis regulis, exceptiones, ad hypothecariam tantum actionem non ad alia accessoriæ jura, nostro censu pertinent.

Hæc quidem de successione, quæ e juris offerendi beneficio, oritur, diximus. Item vero sane de omni alio genere successionis, etiam dici posset.

N.-B. — Speciem quemdam (in leg. 16. D. ht.) Paulus refert in quâ, rei judicatæ principio et beneficio juris offerendi ad difficultatem augendam concurrentibus, fit ut nulla via ad creditorum concursum dirimendum, inveniri possit. Quanquam enim plures propositæ sint ad extricandam difficultatem solutiones, nulla quidem data est quæ aliquid juris præceptum non perrumpat.

DROIT FRANÇAIS

—◦✳◦—

DES HYPOTHÈQUES CONVENTIONNELLES, AU POINT DE VUE DU DROIT DE PRÉFÉRENCE.

Code Napoléon, art. 2124-2133, 2134. — Code Commercial, art. 446, dern. par., et 448.

Avant d'entrer dans l'exposition de notre sujet, nous croyons utile de donner quelques explications sur le titre même de cette thèse, afin d'en bien préciser la portée. Cela nous permettra de déterminer exactement les limites dans lesquelles notre travail devra se renfermer.

Nous aurons à traiter des hypothèques *conventionnelles*. On sait que la loi distingue trois sortes d'hypothèques : l'hypothèque *légale*, l'hypothèque *judiciaire* et l'hypothèque *conventionnelle*. C'est de cette dernière seulement que nous aurons à parler. L'hypothèque conventionnelle est celle des trois qui présente l'intérêt le plus général, celle, en même temps, dont le principe a été le moins contesté, parce qu'elle présente tout à la fois et plus d'importance et moins de dangers pour l'ordre social.

Mais les hypothèques conventionnelles elles-mêmes, nous devrons les considérer non pas d'une manière générale, mais au *point de vue* seulement *du droit de préférence*. Cette seconde partie de notre titre limite très-nettement la tâche que nous aurons à remplir.

Quel est donc le sens de ces mots : « au point de vue du droit de préférence ? »

Pour le bien entendre, pour voir clairement ce que c'est qu'un *droit de préférence* et ce qu'est en particulier le droit de préférence dans les hypothèques conventionnelles, il nous faudra remonter à l'idée fondamentale qui divise les droits en droits réels et droits personnels et rechercher quels sont les éléments constitutifs de chacun de ces droits.

On peut dire de tout droit en général, que c'est un lien juridique, un *vinculum juris*, comme disaient les Romains, qui rattache l'un à l'autre deux sujets, en leur donnant, à l'un un rôle actif, à l'autre un rôle passif. Mais, tandis que le sujet actif est toujours une personne, le sujet passif peut être soit une personne, soit une chose. Dans le premier cas, il y a pour le sujet actif un droit *personnel : persona obligatur;* dans le second, un droit *réel : res ipsa obligatur.*

On trouve dans cette diversité possible du sujet passif, personne ou chose, la base d'une distinction radicale entre les droits personnels et les droits réels. Et si le principe de chacun d'eux diffère d'une manière absolue, les déductions qui ressortent de chacun de ces principes ne diffèrent pas moins essentiellement.

Dans le droit *personnel,* nous l'avons dit, le sujet passif, le sujet soumis à l'obligation est une personne. En d'autres termes, le fait de cette obligation met la personne qui en est grevée dans la nécessité légale de procurer à quelqu'un un bénéfice, soit en faisant, soit en s'abstenant de faire une chose. Sans doute, en vertu du vieil adage que l'équité a fait admettre et que le Code est venu consacrer, « Qui s'oblige, oblige le sien, » les biens de la personne sont le gage de son obligation ; mais il n'en est pas moins vrai que ses biens ne sont engagés que d'une manière *occasionnelle,* et que *seule* la personne est directement obligée.

Or, comme la personne est un être libre et qu'après avoir contracté avec elle je ne puis nullement l'empêcher de s'engager envers d'autres créanciers, que, par conséquent, elle répond pour tous de la même manière, c'est-à-dire par sa bonne foi, il s'en suit que tous devront venir avec des titres égaux lui réclamer l'acquittement de ses obligations. Dès lors, si le débiteur ne remplit pas ses engagements et si l'on vient à agir sur ses biens, tous les créanciers n'ayant de droits qu'à raison de la personne et étant tous égaux sur la personne, devront être aussi d'égale condition sur les biens, simples *accessoires* de la personne.

Dans le droit *réel,* au contraire, le sujet passif est une chose. Une chose a été obligée envers une personne, c'est-à-dire le droit total ou partiel sur cette chose a été aliéné par l'une des parties et acquis par l'autre, dont il est devenu la propriété.

Or, comme il est de principe que « nul ne peut malgré lui être privé de sa propriété, » je ne puis être dépouillé malgré moi de ce droit total ou partiel que j'ai acquis sur la chose. Donc les aliénations que l'autre partie consentira postérieurement de la même chose, ne pourront en aucune façon me priver de mon droit. Elles ne seront valables qu'autant qu'elles ne me porteront point préjudice. Par conséquent, dans l'exercice de mon droit, *je serai préféré à tous ceux qui auront acquis à des dates postérieures des droits sur la même chose.* Ainsi lorsque le propriétaire d'un bien sur lequel j'ai acquis un droit réel d'usufruit constitue sur ce bien un autre droit d'usufruit, ou telle autre servitude, mon droit reste entier ; il ne subit aucune diminution. Ces droits constitués postérieurement au mien sont nuls, quant à moi, et ne peuvent être exercés à mon détriment.

Ces principes une fois connus, voyons quels rapports ils ont avec la matière qui nous occupe.

Toute créance est essentiellement un droit personnel ; ces deux mots droit de créance et droit personnel sont même employés comme synonymes. — Or, ainsi que nous l'avons vu tout à l'heure, rien n'empêche une personne qui a contracté une première dette d'en contracter indéfiniment de nouvelles, sauf pourtant le cas où elle agirait en fraude de ses créanciers. De plus, comme les biens de cette personne loin d'être obligés directement, ne sont engagés que d'une manière purement accessoire, il s'en suit que le débiteur peut toujours, sauf encore le cas de fraude, aliéner ses biens et les dissiper jusqu'au dernier. Dès lors le lien qui unissait la personne à la chose étant rompu et la chose étant entrée dans le domaine d'un autre propriétaire, le créancier sera sans droits pour l'y poursuivre.

De là, deux inconvénients qui font de l'obligation personnelle ce qu'il y a de plus incertain : 1° danger pour un créancier de se voir donner par son débiteur un si grand nombre de concurrents armés d'un titre égal au sien, que tous les biens soient absorbés avant que les dettes soient couvertes ; — 2° danger que par une série d'aliénations, le débiteur ne vienne à priver ses créanciers du gage sur lequel ils avaient compté en contractant avec lui.

Ces dangers qui tiennent à la nature même des droits personnels appelèrent de bonne heure l'attention des jurisconsultes ; ce fut pour fournir aux créanciers le moyen d'y échapper qu'on imagina de donner aux créances l'appui d'un droit réel par l'introduction des droits *réels accessoires*. La faculté fut donnée au créancier en même temps qu'il obligeait envers lui une personne, d'obliger en même temps, d'une façon directe et immédiate, les biens de cette personne au paiement de la dette. *Res et persona debent.*

Que résulte-t-il de cette association des deux genres de droits? — Nous avons signalé dans les obligations purement personnelles un double danger découlant de la double faculté laissée au débiteur de contracter de nouvelles dettes et d'aliéner ses biens. Or, il arrive précisément que la présence des droits réels accessoires fait disparaître ces deux inconvénients.

Le créancier a un droit sur la chose : donc cette chose, obligée en vertu d'un droit qui la saisit principalement, sort du gage commun des créanciers pour devenir son gage particulier. Elle ne perdra ce caractère qu'après l'entier acquittement de la dette à laquelle elle est spécialement affectée; de plus, si le débiteur veut sur cette même chose conférer de nouveaux droits, ces droits postérieurs au premier lui seront absolument subordonnés. — C'est là l'idée que les Romains traduisaient en disant que dans les droits réels : « *Qui prior est tempore potior, est jure.* »

Le créancier a un droit sur la chose : donc il lui importe peu (du moins en général) que cette chose reste entre les mains de son débiteur ou qu'elle sorte de son patrimoine. Son droit réel ne pouvant, quant à son existence, dépendre de la volonté du débiteur, il pourra toujours poursuivre son paiement sur la chose en quelque main qu'elle se trouve.

Ces deux bénéfices qui résultent bien évidemment de la combinaison des droits réels avec les droits personnels, ont reçu dans la pratique les noms de *droit de préférence* et de *droit de suite.* Ils reposent tous deux sur le même principe, à savoir que nul ne peut être malgré lui dépouillé de sa propriété. Seulement ce principe change singulièrement d'aspect, suivant que l'on considère le créancier dans ses rapports avec ses co-créanciers ou dans ses relations avec les tiers détenteurs. De là, la nécessité de deux expressions différentes pour désigner les effets du même principe se produisant dans deux situations très-distinctes.

Tout droit réel accessoire, par cela même qu'il est un droit immédiat sur la chose, doit donc conférer tout à la fois et un droit de suite (¹) et un droit de préférence. Par conséquent une étude sur chacun de ces droits ne serait complète qu'à la condition de les envisager sous l'un et l'autre aspect.

Pour nous, laissant de côté la question du droit de suite, nous n'aurons à traiter que du droit de préférence. D'ailleurs, ainsi que nous l'avons dit plus

(¹) Les exceptions qui existent, quant au droit de suite, tiennent à des considérations particulières.

haut, c'est seulement dans les hypothèques conventionnelles que nous devrons le considérer. Ainsi notre sujet se trouve parfaitement limité.

Nous diviserons notre travail en quatre chapitres. Dans un premier chapitre, nous nous demanderons quelle capacité est nécessaire à l'effet de consentir hypothèque; dans le second et le troisième, quelles sont les formes extrinsèques et intrinsèques du contrat d'hypothèque; enfin, dans le quatrième chapitre, nous verrons quel est l'effet des hypothèques au point de vue du droit de préférence. — Ces questions, du reste, ne sont que la traduction de celles-ci : Quelles personnes peuvent consentir sur leurs immeubles des causes légitimes de préférence, et dans quelles formes doivent-elles les constituer? — Comment se règle, entre les créanciers, le droit de préférence résultant de tels actes?

En dernier lieu, nous aurons à étudier, dans un *Appendice,* certaines dispositions du Code de Commerce qui se rapportent à la matière des hypothèques conventionnelles.

CHAPITRE PREMIER.

DE LA CAPACITÉ REQUISE POUR LA VALIDITÉ DE L'HYPOTHÈQUE.

L'hypothèque conventionnelle, presque toujours consentie par le débiteur lui-même, peut cependant être constituée par un tiers pour assurer le paiement de la dette d'un autre. C'est là un point qui ne peut être mis en doute, surtout en présence de l'art. 2077, où le Code le dit formellement du gage.

Mais, que l'hypothèque émane du débiteur ou bien qu'elle émane d'un tiers, il faut nécessairement que celui qui la constitue ait eu capacité pour le faire.

Or le droit réel, résultant de l'hypothèque, étant un démembrement du droit de propriété, celui qui constitue une hypothèque fait un acte d'aliénation, en ce qu'il dispose, au profit d'un tiers, d'une partie de son droit. Donc la capacité nécessaire, pour constituer hypothèque, est subordonnée à une double condition : il faut que le constituant soit propriétaire de la chose hypothéquée; il faut en second lieu qu'il ait la faculté d'en disposer.

Cette question de capacité présente ainsi deux points de vue bien distincts.

§ I. — *De la qualité de propriétaire.*

I. — Pour constituer valablement hypothèque, *il faut être propriétaire* de la chose hypothéquée. C'est un principe tellement évident qu'il suffit de l'énoncer. De même qu'on ne peut vendre la chose d'autrui, de même on ne peut hypothéquer une chose dont on n'est pas propriétaire. Cela est si vrai qu'à Rome où la nature toute spéciale du contrat de vente faisait considérer comme valable la vente de la chose d'autrui, il avait toujours été reconnu que l'hypothèque, étant un droit réel, ne pouvait être consentie que par le propriétaire.

« Et per alium rem alienam, invito domino, pignori obligari non posse, » certissimum est. » (L. 6, C. si al. res pign.)

Il faut donc considérer comme frappée d'une nullité absolue l'hypothèque constituée sur la chose d'autrui. Mais, que faudrait-il décider si ultérieurement cette chose venait à appartenir d'une manière légale à celui qui précédemment l'avait hypothéquée.?

C'est là une question qui a de tout temps divisé les auteurs. Cependant à Rome et dans notre ancienne jurisprudence l'avis avait prévalu que l'hypothèque constituée sur un immeuble dont le débiteur n'était pas propriétaire, se consolidait par l'acquisition *ex post facto* que ce dernier faisait de cet immeuble.

Sans vouloir discuter ici la valeur de cette opinion sous le régime des lois romaines ou de nos anciennes coutumes, nous n'hésitons point à dire que, dans l'état actuel de notre système hypothécaire, elle nous paraît inadmissible.

Voici comment nous raisonnons :

Une hypothèque ne peut être constituée que par le propriétaire de l'immeuble. Donc une hypothèque consentie par tout autre que le propriétaire est nulle d'une *nullité absolue*; or, un acte nul dans son principe ne peut jamais valoir, ne peut jamais être confirmé; un bien qui était libre d'hypothèque ne peut en être grevé tout à coup par suite d'un fait que la loi ne reconnaît pas comme générateur d'hypothèque. « Quod ab initio non valet, tractu temporis convalescere non » potest. »

Donc, ce n'est point ici le lieu d'appliquer le principe : « *Confirmato jure* » *dantis, confirmatur jus et accipientis.* » Pour qu'un droit soit confirmé, il faut qu'il existe, — imparfait sans doute, par exemple suspendu par une condition, — mais du moins faut-il qu'il existe pour ainsi dire en puissance. Or, ici un droit quelconque existe-t-il chez celui qui constitue une hypothèque sur l'immeuble d'autrui? Non, évidemment. Donc aucune confirmation ne peut se produire.

Les lois romaines ne doivent, à notre avis, avoir aucune influence sur la solution.

A Rome, l'équité prétorienne avait fait admettre, sur ce point, des tempéraments à la rigueur du droit civil. C'est ce que nous avons vu dans la première

partie de cette Thèse. Le débiteur qui avait agi frauduleusement en hypo-
théquant la chose d'autrui ne pouvait exciper de sa fraude et s'en prévaloir
lorsque la chose était ensuite devenue sienne. L'hypothèque était donc confirmée
et prenait rang à partir de l'époque où elle avait été constituée. — Mais
remarquons qu'à Rome, pour arriver à ce résultat, le prêteur était obligé de
recourir aux actions *utiles ;* or, sous l'empire du Code, nous ne connaissons plus
les actions utiles, et dans ces questions de droit strict, nous devons uniquement
consulter la rigueur des principes.

Remarquons encore que le prêteur, en accordant ces actions utiles, assi-
milait en quelque sorte l'hypothèque de l'immeuble d'autrui à l'hypothèque
des biens à venir permise à Rome. Il y avait dans cette assimilation une jus-
tification toute naturelle du système prétorien. Mais une explication de cette
nature n'aurait plus de sens sous l'empire de notre Code, qui est venu pro-
hiber d'une manière toute spéciale l'hypothèque conventionnelle des biens à
venir. Admettre ce système, serait même ouvrir une voie facile à ceux qui,
sur ce point, voudraient agir en fraude de la loi.

La généralité des auteurs reconnaît la vérité de ces principes. Il en est
pourtant parmi eux qui, tout en les admettant, rejettent la solution que nous
avons adoptée en disant que personne n'a qualité pour demander la nullité de
l'hypothèque : le constituant, parce qu'il ne saurait invoquer une nullité établie non à son profit, mais contre lui ; les tiers, — créanciers ou acquéreurs, —
qui ont traité avec le constituant depuis qu'il est devenu propriétaire, car
l'inscription de l'hypothèque a dû les avertir de son existence.

Ces objections ne nous semblent point décisives et nous contestons la vérité
des affirmations qu'elles contiennent. Mais nous réservons la discussion de ces
points dont l'examen nous entraînerait trop loin.

II. — Nous avons établi que l'une des conditions constitutives de la capacité
d'hypothéquer, c'est la qualité de propriétaire. Mais n'est-on propriétaire d'une
chose que lorsqu'on en a la propriété certaine et définitive ? ou bien
peut-on se dire propriétaire dès lors qu'on a un droit de propriété suspendu
par une action ou subordonné à l'exercice d'une action, mais qui, à un moment
donné, peut se transformer en un droit plein, entier, incommutable ?

Et si un pareil droit, tout précaire qu'il est, suffit pour conférer la qualité
de propriétaire, n'est-il pas vrai qu'il suffira de même pour constituer la
capacité nécessaire au contrat d'hypothèque ?

Si, assurément. La loi, d'accord avec la raison, le dit formellement à l'article

2125. Elle le dit aussi, selon nous, quoique d'une manière moins explicite, dans l'article 2129, aux termes duquel il n'y a d'hypothèque valable que celle qui déclare la nature et la situation de chacun des immeubles actuellement *appartenant* au débiteur, sur lesquels il consent hypothèque. Ce mot *appartenir* ne s'explique-t-il pas tout naturellement en ce sens, surtout lorsqu'on le met en présence de la définition que le jurisconsulte Pomponius donne du mot latin *pertinere*, dont il est la traduction littérale :

« *Verbum illud* pertinere *latissime patet : nam et eis rebus petendis aptum est, quæ dominii nostri sint, et eis, quas jure aliquo possideamus, quamvis non sint nostri dominii : pertinere ad nos etiam ea dicimus quæ in nullâ eorum causâ sint, sed esse possint.* » (L. 181. D. De Verb. sign.)

De tout cela, il résulte que celui qui, au moyen d'une action en nullité ou en rescision, peut être reconnu et déclaré propriétaire de l'immeuble, ou qui a sur cet immeuble un droit résoluble ou suspendu par une condition, celui-là a un droit de propriété que le jugement ne fera que reconnaître, que l'événement de la condition ne viendra que confirmer, un droit qu'il pourra dès à présent hypothéquer.

Mais si le constituant a un droit véritable de propriété, il n'en est pas moins vrai que ce droit demeure incertain jusqu'à l'événement du jugement ou de la condition ; or, il ne peut transférer un droit plus solide que celui qui lui appartient : *Nemo plus juris in alium transferre potest quam ipse habet.* Donc l'hypothèque suivra la fortune du droit du constituant. Ce sera le cas d'appliquer l'adage que nous rejetions tout à l'heure comme tombant à faux dans le cas d'une hypothèque constituée par un non propriétaire : *Confirmato (vel) resoluto jure dantis, — confirmatur (vel) resolvitur jus accipientis.* En d'autres termes : ou l'événement prévu se réalisera, et alors l'hypothèque restera sur l'immeuble et sera censée y avoir été fixée du jour même où elle a été donnée ; ou l'événement ne se réalisera pas, auquel cas l'hypothèque se détachera de l'immeuble, qui sera censé n'en avoir jamais été affecté.

Tel est le principe contenu dans l'art. 2125 :

« Ceux qui n'ont sur l'immeuble qu'un droit suspendu par une condition, ou résoluble dans certains cas, ou sujet à rescision ne peuvent consentir qu'une hypothèque soumise aux mêmes conditions ou à la même rescision. »

La loi semble prévoir, dans notre article 2125, trois cas distincts où l'hypothèque ne pourrait pas être consentie d'une manière incommutable : le cas où le droit est soumis à une condition suspensive, celui où il est soumis à une condition résolutoire, et enfin le cas où ce droit est *sujet à rescision*. Mais, en réalité, il est facile de voir que ce dernier cas ne se distingue pas des deux premiers : dire d'un droit qu'il est sujet à rescision, c'est dire qu'il est subordonné, quant à son existence, à l'événement d'une condition, d'une nature spéciale, il est vrai, à savoir l'exercice et le succès d'une action, mais toujours à l'événement d'une condition. Or, cette condition est, soit une condition suspensive, soit une condition résolutoire. Il est donc vrai de dire que les trois cas indiqués par l'art. 2125 se réduisent réellement à deux.

Si, maintenant, on étudie la nature de la condition en général, on trouve que toute condition est dans son événement, suspensive du droit pour une personne et résolutoire du même droit pour une autre; c'est-à-dire que toute condition résolutoire a pour corrélatif une condition suspensive et réciproquement.

Prenons, par exemple, une vente avec *pacte de rachat*. La vente conclue, les parties se trouvent dans des situations corrélatives : d'un côté, l'acheteur est devenu propriétaire sous cette condition *résolutoire :* « Si le vendeur exerce son droit de réméré en temps utile; » d'un autre côté, le vendeur reste propriétaire sous la même condition, qui est, à son égard, *suspensive* du droit. — Ainsi, il est clair que le même événement, en même temps qu'il résoudra le droit de l'une des parties, déclarera et rendra certain le droit de l'autre.

Ce sont là précisément les deux situations que prévoit la loi. Or, comme une condition est toujours en même temps suspensive et résolutoire, et, de plus, comme la loi attribue au propriétaire du droit suspendu, aussi bien qu'au propriétaire du droit résoluble, la faculté de constituer hypothèque, on rencontrera, dans tous les cas où la propriété d'un immeuble sera subordonnée à une condition, deux personnes qui pourront hypothéquer cet immeuble.

Ainsi, pour reprendre le cas sur lequel nous raisonnions tout à l'heure, dans la vente d'un immeuble avec pacte de rachat, le vendeur et l'acheteur pourront tous les deux consentir des hypothèques. Seulement ces hypothèques seront subordonnées aux mêmes conditions que les droits des constituants.

Telle est, à n'en pas douter, la théorie de la loi et il y a lieu de s'étonner que M. Grenier ait méconnu ces principes fondamentaux sur les conditions en prétendant que l'acheteur à réméré avait seul, à l'exclusion du vendeur, le droit de constituer hypothèque. C'est là, du reste, une voie dans laquelle aucun auteur ne l'a suivi.

Tout ce que nous venons de dire sur l'art. 2125 n'est que le développement de cette règle que le droit constitué suit le sort du droit du constituant.

Toutefois cette maxime n'est pas tellement générale qu'elle ne soit soumise à quelques exceptions. Il n'est pas toujours vrai qu'une hypothèque soit résolue lorsque celui qui l'a conférée voit son droit anéanti.

A cet égard, le jurisconsulte Loyseau a posé la distinction à observer de la manière la plus lumineuse. Suivant lui, la règle ne s'applique qu'au cas où le droit du constituant est résolu « par une cause *nécessaire et inhérente* au titre d'acquisition. » Au contraire elle est sans application et conséquemment l'hypothèque subsiste dans tous les cas où la rescision procède d'une cause « *nouvelle et volontaire* »... « afin, ajoute Loyseau, qu'il ne soit en la puissance du débiteur d'amortir l'hypothèque quand il le voudra. » — Ainsi posée, la distinction semble avoir été parfaitement comprise par les rédacteurs du Code qui l'ont adoptée et suivie, notamment dans l'art. 958 du C. N., en maintenant les hypothèques constituées par le donataire dont le titre vient à être révoqué pour cause d'ingratitude. Dans ce cas, en effet, la résolution procède d'une cause toute *nouvelle et volontaire*, impossible par conséquent à prévoir au moment du contrat d'hypothèque; elle ne résulte nullement d'une cause *nécessaire et inhérente* au titre d'acquisition. Dès lors un autre système que celui de l'art. 958 aurait eu pour effet de mettre à la disposition du constituant un moyen de faire tomber les droits par lui conférés à des tiers.

L'application du même principe fait considérer comme non avenues, au point de vue des tiers, toutes conventions par lesquelles il plairait aux parties de modifier ou de résoudre le contrat primitif alors que ces modifications ou résolutions n'auraient pas des causes nécessaires et inhérentes au titre de l'acquisition.

C'est encore pour la même raison que, dans le cas d'une rescision provenant d'un jugement où le créancier n'a pas été partie, l'hypothèque de ce dernier n'est point infirmée par le jugement. Si l'on admet en effet, avec Marcadé et avec une jurisprudence qui tend à s'établir, que le débiteur ne représente point en justice son créancier hypothécaire, on doit reconnaître aussi qu'à l'égard du créancier la résolution ne peut, dans notre hypothèse, être censée procéder d'une cause inhérente au titre d'acquisition.

III. — Nous avons dit au commencement de ce paragraphe que pour pouvoir hypothéquer valablement, il faut être propriétaire. Puis en étudiant l'article 2125, nous avons expliqué le sens que nous donnons au mot *être propriétaire* et ce que la loi entend par l'expression générique d'*appartenir*. Là nous avons vu comment et dans quelles limites une personne qui n'a sur un immeuble qu'un droit conditionnel peut constituer hypothèque sur cet immeuble.

Maintenant nous allons nous demander si dans aucun cas l'hypothèque ne peut être consentie par un autre que le propriétaire. Posée d'une manière absolue, la règle que le propriétaire seul peut constituer hypothèque serait fausse. Il est des personnes qui, sans être propriétaires, peuvent hypothéquer : nous voulons parler des *mandataires*. Mais est-il besoin de dire que ce n'est point là une exception au principe? Si en effet un mandataire peut hypothéquer, n'est-ce pas uniquement parce qu'il représente le propriétaire lui-même? Toute la question est donc de savoir si un mandataire représente de telle sorte le propriétaire, que son pouvoir s'étende à la constitution d'hypothèque. Or, à cet égard, il faut distinguer entre les administrateurs conventionnels et les administrateurs légaux. Quant aux premiers, c'est purement, et sauf la présomption posée par l'article 1988, une question de fait.

En ce qui concerne les seconds, c'est au contraire une question de droit. Les tuteurs, les maris, les envoyés en possession provisoire, peuvent-ils hypothéquer les biens des pupilles, des femmes, des absents qu'ils représentent? S'ils le peuvent, à quelles formalités spéciales ces constitutions d'hypothèque sont-elles soumises? Ce sont là autant de points que la loi a pris soin de régler et qu'il faut aller étudier dans les articles qui indiquent l'étendue des pouvoirs de chacun de ces administrateurs.

La loi prend même soin d'indiquer dans notre titre, à l'art. 2126, l'existence des limitations apportées aux droits des tuteurs et des envoyés en possession provisoire. Elle ne parle pas, il est vrai, des maris et des héritiers bénéficiaires considérés comme administrateurs légaux. Mais on sait que les pouvoirs de ces mandataires sont réglés aux titres du *Contrat de mariage* et des *Successions*.

Venons donc maintenant à l'étude de l'article 2126, qui présente certaines difficultés d'interprétation.

Art. 2126. « Les biens des mineurs, des interdits, et ceux des absents, tant que la possession n'en est déférée que provisoirement, ne peuvent être hypothéqués que pour les causes et dans les formes établies par la loi, ou en vertu de jugements. »

Cet article révient à dire que les mineurs interdits et absents, bien que propriétaires et agissant par l'intermédiaire de leurs administrateurs légaux, n'ont pourtant pas la liberté absolue et sans limite de conférer des hypothèques sur les immeubles qui leur appartiennent. — Ils ne le peuvent faire que « *pour les causes et dans les formes* établies par la loi ou *en vertu de jugements*. »

Deux observations préalables vont nous conduire à l'explication de ces derniers mots de notre article.

1° Il faut remarquer que l'art. 2126 étant placé dans la section relative à *l'hypothèque conventionnelle*, ses dispositions ne doivent point avoir trait à l'hypothèque judiciaire, non plus qu'à l'hypothèque légale, mais doivent se rapporter uniquement à l'hypothèque conventionnelle. — Concluons-en de suite que les mots qui terminent notre article sont relatifs aux jugements rendus pour autoriser une hypothèque conventionnelle, et nullement aux jugements desquels pourrait résulter l'hypothèque judiciaire.

2° Remarquons encore que nulle part on ne rencontre dans la loi de formes spéciales établies pour l'hypothèque conventionnelle des biens des absents, dont les biens ne sont possédés que provisoirement.

De cette double observation il résulte : 1° Que ces mots : « Ne peuvent être hypothéqués que pour les causes et dans les formes *établies par la loi*, » étant absolument inapplicables à l'hypothèque conventionnelle des biens des absents, se rapportent exclusivement à l'hypothèque des biens des mineurs et interdits.

2° Réciproquement que ces mots : « *En vertu de jugements,* » n'ont aucunement trait aux biens des mineurs et interdits, pour l'hypothèque desquels il a des formes précises et déterminées qui ne se bornent point à l'obtention d'une décision judiciaire, mais qu'ils sont relatifs à l'hypothèque conventionnelle des biens des absents, dont nulle part ailleurs la loi ne s'est occupée.

Que conclure de tout cela? Que chacune des énonciations de notre article a son objet spécial et limité, et que tout en rassemblant des situations diverses dans une disposition commune, la loi a entendu cependant les distinguer par l'expression.

En résumé, voici comment nous entendons notre art. 2126 :

Les biens des mineurs et des interdits ne peuvent être affectés d'hypothèques conventionnelles que pour les causes et dans les formes établies par la loi.

Ceux des absents, tant que la possession n'en est déférée que provisoirement, ne peuvent l'être qu'en vertu de jugements.

Ainsi, quant aux biens des absents, la prohibition de les hypothéquer dans la deuxième période de l'absence, posée par l'art. 128 du C. N., cède dans tous les cas où l'hypothèque conventionnnelle aurait été l'objet d'une autorisation judiciaire. Les envoyés en possession provisoire peuvent, en effet, se faire autoriser par justice à contracter un emprunt dans l'intérêt de l'absent, et à donner sur ses biens une hypothèque au créancier qui ne veut prêter que sous cette condition. C'est là ce que la loi a voulu rappeler dans l'article 2126.

§ II. — *De la capacité de disposer de la chose.*

Il ne suffit pas, pour conférer une hypothèque valable, d'être propriétaire de l'immeuble que l'on veut en affecter, il faut encore avoir la *capacité d'en disposer.*

« Les hypothèques conventionnelles, dit l'art. 2124, ne peuvent être consenties que par ceux qui ont la capacité *d'aliéner* les immeubles qu'ils y soumettent. »

Ainsi, ce que la loi exige ici, c'est la capacité *d'aliéner.* Et cela est facile à comprendre, si l'on admet, avec un grand nombre d'auteurs, que l'hypothèque est une portion, un démembrement du droit de propriété. Suivant ce système, qui est le nôtre, la constitution d'hypothèque n'étant autre chose qu'un acte d'aliénation partielle, il est très naturel que la capacité d'hypothéquer se confonde avec la capacité d'aliéner. — Nous disons, avec la loi, la capacité *d'aliéner* et non pas simplement la capacité de *s'obliger.* En effet, bien que de ce principe « *qui s'oblige, oblige le sien,* » il résulte que toute obligation contient le germe d'une aliénation éventuelle, il n'en est pas moins vrai de dire que jamais on n'a confondu la capacité de s'obliger avec la capacité d'aliéner; que toujours, au contraire, dans le droit romain comme dans notre droit français, on a distingué entre les obligations qui n'affectent que la personne et celles qui affectent tout à la fois la personne et les biens. Ainsi il y a certaines personnes (les mineurs émancipés par exemple), qui, tout en ayant dans les limites des besoins de leur administration le droit de s'obliger, n'ont pas, même dans ces limites, la capacité d'hypothéquer leurs immeubles, parce qu'ils n'ont pas celle de les aliéner.

En résumé, nous dirons que la capacité à l'effet de consentir hypothèque se mesure, non pas sur la capacité de s'obliger, mais sur la capacité *d'aliéner.*

Cette règle ne souffre que deux exceptions : la première est écrite dans les art. 1507 et 1508, dans lesquels on trouve que le mari peut hypothéquer des immeubles qu'il ne peut aliéner. Cette anomalie se présente dans le cas où des immeubles n'ont été ameublis que jusqu'à concurrence d'une certaine somme.

Quant à la seconde exception, nous aurons à l'étudier sous peu d'instants.

Ces deux exceptions ont ceci de commun qu'elles nous présentent toutes deux des cas où la capacité d'hypothéquer n'est pas corrélative de la faculté d'aliéner. Mais elles diffèrent profondément en ce sens que, dans la première, l'incapacité d'aliéner tient au défaut de la qualité de propriétaire, tandis que, dans l'autre, ainsi que nous le verrons tout à l'heure, cette même incapacité se rattache au système des incapacités personnelles.

Nous allons passer rapidement en revue la série des incapables, afin d'examiner ce qu'est chacun d'eux par rapport à la faculté d'hypothéquer.

I. Nous parlerons d'abord des *femmes mariées.* Il faut distinguer entre la femme mariée sous le régime dotal et celle qui est mariée sous tout autre régime.

Lorsque la femme n'est pas mariée sous le régime dotal, elle ne peut, sans le concours de son mari, hypothéquer ses immeubles, de même qu'elle ne peut sans cela les aliéner. (A. 217.)

A l'égard de la femme mariée sous le régime dotal, il faut distinguer ses biens paraphernaux d'avec ses biens dotaux. — Les premiers sont régis par l'art. 217, et, conséquemment, ne peuvent être hypothéqués qu'avec l'autorisation du mari.

Quant aux biens dotaux, la femme ne peut absolument point les hypothéquer, parce que ces biens sont, de leur nature, *inaliénables.* (A. 1554.)

La loi nous présente cependant un cas où la femme peut librement hypothéquer ses immeubles, à moins pourtant qu'ils ne soient dotaux, parce que même alors ils demeurent frappés d'aliénabilité. C'est le cas où la femme a été dûment autorisée à faire le commerce. Alors, de même qu'elle peut disposer seule de ses immeubles, de même elle a la pleine capacité de les affecter d'hypothèques.

A l'égard de la femme, il y a donc toujours parfaite corrélation entre la capacité d'aliéner et celle de constituer hypothèque.

Avant de terminer ce qui concerne cette première espèce d'incapacité, ajoutons que l'affectation hypothécaire consentie par la femme et surtout par la femme dotale contrairement aux prohibitions de la loi pourrait être attaquée non-seulement par elle-même et par son mari, mais encore par ses créanciers.

II. *Du mineur et de l'interdit.* Le mineur et l'interdit n'ayant pas la faculté *personnelle* d'aliéner leurs immeubles, n'ont pas conséquemment la faculté *personnelle* de les hypothéquer. Ils ne peuvent hypothéquer et aliéner que par l'intermédiaire de leurs tuteurs, lesquels doivent pour cela observer les *formes requises* dont parle l'art. 2126.

III. *Du mineur émancipé.* Bien que, dans certaines limites, le mineur émancipé puisse valablement s'obliger, sa condition est pourtant la même en principe que celle du mineur non émancipé, quant à la faculté d'hypothéquer.

Néanmoins, c'est au sujet du mineur émancipé que se présente cette grave dérogation que nous avons annoncée plus haut au principe que la capacité d'hypothéquer se mesure sur la capacité d'aliéner. Cette dérogation a été posée par l'art. 6 du Code de commerce. Les mineurs émancipés qui ont été autorisés à faire le commerce « peuvent engager ou hypothéquer leurs immeubles, » tandis qu'ils ne peuvent les aliéner qu'en « suivant les formalités prescrites par les articles 457 et suivants du Code civil. » — On a pensé que dans ce cas la rigueur des principes devait céder devant les intérêts du commerce, et que d'ailleurs accorder à un mineur la faculté d'être commerçant sans lui donner celle de conférer des sûretés à ses créanciers, c'était le priver de tout crédit et le mettre dans l'impossibilité d'user fructueusement de son droit. Notons cependant que ces considérations n'ont pas été jusqu'à faire accorder au mineur commerçant la libre disposition de ses immeubles, que l'article 7 attribue à la femme marchande publique.

IV. *Du prodigue.* Le prodigue auquel a été nommé un conseil judiciaire ne peut grever ses biens d'immeubles, de même qu'il ne peut les aliéner, sans l'assistance du conseil qui lui est nommé (A. 513.)

Ainsi, à l'exception de la femme mariée et du mineur émancipé autorisés à faire le commerce, toutes les personnes dont nous venons de parler sont atteintes de l'incapacité d'aliéner. Par conséquent, les hypothèques consenties par elles sont frappées de nullité. Toutefois cette nullité n'est que relative, et par suite elle est susceptible de ratification.

C'est là un point qu'aucun auteur n'a contesté, mais ce qui a toujours été l'objet des plus vives controverses, c'est la question de savoir si la ratification a son effet du jour seulement où elle a été faite ou si elle remonte rétroactivement au jour de la constitution d'hypothèque. Voici l'hypothèse : Un mineur consent sur son immeuble une hypothèque en suivant les formes requises ; devenu majeur, il constitue une nouvelle hypothèque sur le même immeuble et au profit d'un second créancier. Puis il ratifie l'hypothèque qu'il avait consentie pendant sa minorité. On se demande si la première hypothèque aura son effet du jour de la ratification ou bien du jour où elle a été constituée ; en d'autres termes, lequel des deux créanciers aura la préférence.

Il faut mettre à part tout d'abord le cas où la ratification est celle qui résulte d'un laps de dix ans écoulés sans réclamation du constituant depuis qu'il a atteint sa majorité. Tous les auteurs reconnaissent dans ce cas l'effet rétroactif de la ratification. En effet, il s'agit ici d'une prescription; or, on sait que toute prescription accomplie produit toujours un effet rétroactif.

Mais dans le cas où il s'agit d'une ratification expresse, cet accord des opinions cesse tout à fait. Pour nous, malgré toutes ces divergences, nous n'hésitons pas à croire que la ratification portant dans l'espèce qui nous occupe sur une nullité relative, doit avoir, aussi bien que la ratification tacite, un effet rétroactif.

CHAPITRE DEUXIÈME.

DES FORMES INTRINSÈQUES DU CONTRAT D'HYPOTHÈQUE.

La loi règle dans les articles 2127 et 2128 les formes que doit revêtir le contrat d'hypothèque.

I. — L'art. 2127 est ainsi conçu : « L'hypothèque conventionnelle ne peut être consentie que par un acte passé en la forme authentique devant deux notaires ou devant un notaire et deux témoins. »

Ainsi : 1° L'hypothèque est tout à fait distincte de la convention principale qu'elle vient garantir et doit être l'objet d'un contrat spécial.

2° Ce contrat spécial doit être revêtu de la forme authentique.

Il n'en a pas toujours été ainsi, et sur ces deux points les diverses législations qui se sont occupées de l'hypothèque ont notablement varié.

A Rome, on admettait bien que le contrat d'hypothèque était absolument distinct du contrat principal, et conséquemment que l'hypothèque devait être stipulée expressément. Mais aucune forme spéciale n'était requise pour cette convention; elle pouvait être faite verbalement et l'écriture n'était requise que pour la preuve. Plus tard, il est vrai, on sentit combien un tel système rendait difficile le travail d'assigner aux créanciers leurs rangs respectifs. Aussi fut-il établi par l'empereur Léon qu'un acte public ou souscrit par trois personnes « *integræ opinionis* » assurerait au créancier hypothécaire la préférence sur les autres créanciers. (L. 11, C. qui potior.) Mais ces formalités ne furent jamais exigées *ad solemnitatem,* c'est-à-dire comme des conditions essentielles au contrat, mais seulement *ad probationem.* Aussi l'hypothèque, bien que dépourvue de toute solennité, ne cessait point de valoir entre le créancier et le débiteur.

En France, au contraire, la présence d'un acte authentique fut toujours considérée comme indispensable à la constitution d'hypothèque. Même l'hypothèque était censée attachée, de droit, à tout acte authentique : on supposait que les parties en avaient sous-entendu la stipulation, alors qu'elles ne s'en étaient pas expliquées. C'était une chose assez extraordinaire qu'une hypothèque *conventionnelle* pût exister sans *convention* et à coup sûr une application quelque peu large de la maxime : « Qui s'oblige, oblige le sien » Telle était pourtant la législation reçue ; en Normandie même, on se contentait d'un acte sous seing privé, pourvu qu'il eût acquis date certaine.

Le Code civil a emprunté à l'ancien droit français la nécessité de l'acte authentique et a retenu du droit romain la nécessité d'une convention spéciale. Il n'a pas voulu que l'hypothèque conventionnelle résultât de tout acte authentique, quel qu'il fût. Un tel système eût été en désaccord, ainsi que nous le verrons plus loin, avec le principe de *spécialité* qui devait faire la base du nouveau système hypothécaire.

Revenons maintenant à l'étude de notre article 2127 et examinons quelle a été la pensée de la loi en faisant de l'authenticité un élément essentiel de la convention d'hypothèque :

1º *En quoi consiste l'authenticité requise.* L'acte qui contient la convention d'hypothèque doit être authentique et reçu par deux notaires ou par un notaire, en présence de deux témoins. Il ne suffit donc pas d'une authenticité quelconque. Il faut que cette authenticité soit celle qui résulte d'un acte notarié. Ainsi un acte authentique, mais qui ne serait pas notarié, par exemple un procès-verbal de conciliation devant un juge de paix et constatant que des hypothèques ont été stipulées, un tel acte serait insuffisant pour constituer une hypothèque valable.

La pratique admet cependant que l'hypothèque peut être consentie par acte sous seing privé, pourvu que cet acte soit ensuite déposé chez un notaire par les deux parties et qu'il soit dressé procès-verbal du dépôt. C'est là un tempérament qui a toujours été admis par la jurisprudence, et qui, lors de la discussion de notre article, a reçu une sorte de sanction législative.

Il s'est élevé une controverse assez grave sur la question de savoir s'il existe une exception à ce principe en faveur des actes passés par les autorités administratives dans le cercle de leurs attributions. La loi du 13 octobre 1790 portait : « Le ministère des notaires ne sera nullement nécessaire pour la passation des dits baux (des biens nationaux) ni pour tous les actes d'administration. Ces actes ainsi que les baux seront sujets au contrôle, et ils emporteront hypothèque et exécution parée. » En présence de la loi du 11 brumaire an VII, qui a posé le double principe de la spécialité et de l'intervention des notaires au contrat, on s'est demandé si les actes administratifs ont continué à entraîner une hypothèque générale conventionnelle, ou du moins s'ils peuvent encore contenir valablement une stipulation d'hypothèque. Nous croyons que de telles propositions ne sont pas soutenables : suivant nous, la loi de 1790 a été atteinte par cette disposition formelle de l'art. 56 de la même loi de brumaire an VII : « les deux lois du 9 messidor an III, ensemble toutes les lois, coutumes et usages antérieurs sur les *Constitutions d'hypothèque* demeurent abrogés. »

2° *Pourquoi l'authenticité est requise.* L'aliénation d'un immeuble se produit indépendamment de tout acte écrit, et si l'on dresse un acte public ou privé pour le constater, cet acte n'est utile qu'à la preuve et nullement à l'essence du contrat ; d'où vient que la loi exige d'une manière si impérative la présence de l'acte authentique quand il s'agit de constitution d'hypothèque. On a dit généralement qu'en cela le législateur aurait cédé au besoin de prévenir ou au moins de rendre plus difficiles les antidates et les fraudes auxquelles les actes sous seing privé donnent tant de facilité. Si ce but eût été celui de la loi, il eût suffi, pour l'atteindre, d'exiger l'acte sous seing privé ayant atteint date certaine, ainsi que le faisait la coutume de Normandie. L'authenticité n'était nullement nécessaire. Voici, selon nous, quelle a été la pensée du législateur : il a reconnu que les hypothèques ne sont point, comme les aliénations, profitables à l'État. Tandis que les mutations de propriété sont un des éléments de la richesse publique, les hypothèques au contraire apportent une entrave à la circulation des biens et portent atteinte au crédit public.

Le législateur a encore été frappé par cette considération qui, dès le temps d'Auguste, avait influencé les rédacteurs de la loi Julia, à savoir que l'hypothèque ayant un effet moins direct que l'aliénation, est par là même plus dangereuse en ce qu'on se laisse plus facilement aller à consentir une hypothèque qu'une aliénation.

Cette double considération a dû conduire le législateur à entourer la constitution d'hypothèque de formalités qui puissent avertir le débiteur des graves conséquences qu'elle entraîne et l'empêchent par là même d'agir à la légère.

3° *En quel sens et dans quelle mesure l'authenticité est requise.* Toutes les formalités qui se rapportent immédiatement et directement à la constitution d'hypothèque doivent revêtir le caractère d'authenticité ; en d'autres termes, tous les actes et toutes les énonciations qui sont le complément nécessaire de la constitution, doivent participer, comme l'acte constitutif lui-même, de la forme

authentique. Si, par exemple, en conférant hypothèque, on omettait une énonciation nécessaire, ce serait vainement que l'on ajouterait dans un acte sous
seing privé ce qui manquerait au contrat.

Mais s'il n'y a pas de liaison immédiate entre un acte et la constitution
d'hypothèque, la forme authentique n'est nullement requise. C'est ainsi que
l'acte sous seing privé contenant non point une constitution, mais une simple
promesse d'hypothèque serait parfaitement obligatoire. — Nous en dirons
autant de l'acte ultérieur par lequel le créancier liquide la créance que l'hypothèque précédemment constituée est venue garantir.

Ici se place la très-grave question de savoir si le mandat donné par le débiteur pour constituer une hypothèque peut être consenti valablement par acte
sous seing privé, ou s'il doit être revêtu de la forme authentique. Cette question
revient à cette autre : Y a-t-il, oui ou non, connexité parfaite entre le mandat à
l'effet de constituer hypothèque et la constitution elle-même ? Nous croyons
qu'il faut répondre ici par l'affirmative, et, par suite, que le mandat n'est pas
valable s'il ne résulte d'un acte authentique.

II. — Pour terminer ce que nous avons à dire des formes extrinsèques des
hypothèques, il nous reste à dire un mot des contrats d'hypothèque passés en
pays étrangers.

« Les contrats passés en pays étranger, dit l'art. 2128, ne peuvent donner
d'hypothèque sur les biens de France, s'il n'y a des dispositions contraires à ce
principe dans les lois politiques ou dans les traités. »

Cet article déclare la nullité absolue de tout contrat par lequel on voudrait, en
pays étranger, constituer hypothèque sur des biens français, sauf le cas où cet
effet leur a été attribué par des traités ou par des lois politiques françaises. —
Nous disons que la nullité portée par l'art. 2128 est absolue ; en effet, la faculté
de rendre exécutoire les jugements rendus à l'étranger, accordée par l'art. 2123,
n'a point été étendue aux contrats d'hypothèque.

La disposition de notre article est manifestement exagérée : refuser à ces
contrats la *force exécutoire* était une chose parfaitement juste ; mais leur refuser
toute force hypothécaire, de telle sorte que rien ne puisse les vivifier ultérieurement, c'était évidemment oublier les principes généraux du droit et dépasser
toutes les limites de la prudence la plus excessive.

Cette prohibition est donc irrationnelle : on a cherché à l'expliquer histori-
quement. « Dans l'ancien droit, a dit un auteur, tout acte exécutoire, jugement
ou acte notarié, emportait de plein droit hypothèque ; dès lors, on s'était

6

accoutumé à considérer l'hypothèque comme dérivant immédiatement de la force exécutoire; de là le principe que les actes non exécutoires ne peuvent conférer aucune hypothèque. Les actes passés à l'étranger n'étant pas exécutoires, étaient par conséquent considérés comme impuissants à produire une hypothèque. Cette théorie, fondée sur une confusion entre le principe même de l'hypothèque et son exécution, a été maladroitement reproduite par les rédacteurs du Code. »

Nous devons dire, en terminant, que toutes les fois qu'il a été question de réforme hypothécaire, on a proposé de modifier la disposition de notre article pour le ramener à des conditions plus équitables et plus conformes aux vrais principes.

CHAPITRE TROISIÈME.

DES FORMES INTRINSÈQUES DU CONTRAT D'HYPOTHÈQUE.

Dans les articles 2129 à 2133 inclusivement qui terminent la section consacrée aux hypothèques conventionnelles, la loi détermine quels sont les éléments essentiels au contrat d'hypothèque. Ces éléments essentiels constituent en réalité le caractère distinctif de l'hypothèque conventionnelle. Ils ne sont, du reste, que la suite du principe de la *spécialité,* une des innovations les plus importantes que la législation moderne ait introduites dans la matière des hypothèques.

A Rome, on avait la faculté d'hypothéquer tous ses biens présents et à venir d'une manière générale. Dans notre ancienne législation, on avait été plus loin encore, et l'on en était venu à admettre que tout contrat passé en la forme authentique, fût-il d'ailleurs muet sur la question d'hypothèque, emportait néanmoins de plein droit hypothèque générale sur tous les biens du débiteur.

Ce système, dont on sentait depuis longtemps les inconvénients, fut aboli de la manière la plus complète par la loi du 11 brumaire an VII. Aucune hypothèque ne pouvait, sous l'empire de cette loi, embrasser la généralité des biens. Moins absolu que les rédacteurs de la loi de l'an VII, et tout en rendant aux hypothèques légales et judiciaires le caractère de la généralité, le Code est venu consacrer de la manière la plus formelle la spécialité de l'hypothèque conventionnelle.

Le principe nouveau de la spécialité présente un triple avantage :

1° La spécialité est utile au débiteur en ce qu'elle lui donne le moyen de conserver des gages intacts pour les besoins ultérieurs, et de faire connaître exactement sa situation aux tiers avec qui il voudrait contracter par la suite. La spécialité favorise donc son crédit, et par suite elle contribue à affermir le crédit public.

2° Elle empêche l'accumulation de plusieurs hypothèques sur un même immeuble; et, en diminuant les causes de conflit, elle tend à simplifier les ordres et à diminuer les frais.

3° Elle favorise singulièrement la publicité de l'hypothèque. Or, la publicité peut seule, comme nous le verrons plus loin, assurer aux prêteurs l'efficacité des gages qui leur sont offerts.

Ainsi la spécialité a pour objet de faire connaître la situation véritable du débiteur et de donner la mesure aussi exacte que possible de son crédit hypothécaire. Elle ne peut donc être réalisée que par une double indication : 1° indication de l'immeuble hypothéqué; 2° indication du montant de la créance à laquelle il est affecté. C'est là ce que dispose la loi dans les articles 2129 et 2132. Puis, dans les articles 2130, 2131 et 2133, elle prévoit des cas exceptionnels où la rigueur des principes subit de nécessaires modifications.

§ I. — De la spécialité quant au gage hypothécaire.

I. — Art. 2129. « Il n'y a d'hypothèque conventionnelle valable que celle qui, soit dans le titre constitutif de la créance, soit dans un acte authentique postérieur, déclare spécialement la nature et la situation de chacun des immeubles actuellement appartenant au débiteur, sur lesquels il consent l'hypothèque de la créance. Chacun de tous les biens présents peut être soumis à l'hypothèque. — Les biens à venir ne peuvent être hypothéqués. »

Ainsi ce que la loi défend, ce n'est pas d'hypothéquer tous ses biens, mais c'est de les hypothéquer en bloc. Il faut que chacun des immeubles que l'on veut hypothéquer, soit désigné spécialement et nominativement. Pour cela deux indications sont requises, et ce, à peine de nullité :

1° La désignation de la *nature* des biens hypothéqués;

2° La désignation de leur *situation*.

Quant à la question de savoir comment et en quels termes ces indications doivent être données, c'est un point sur lequel la loi ne s'explique pas, et qu'elle laisse par conséquent tout entier à l'appréciation des tribunaux. Les juges ont donc toujours à apprécier en fait si les énonciations sont telles qu'elles déterminent clairement quel bien a été hypothéqué et qu'elles satisfassent aux exigences de la loi.

De nombreuses difficultés se sont élevées et s'élèvent encore sur cette question d'appréciation, dans les cas surtout où les biens qu'on a voulu hypothéquer consistent dans une généralité d'immeubles. La jurisprudence est bien loin d'avoir été constante sur ce point. Poussée tantôt par la crainte d'excéder en rigueur, tantôt par celle de sortir des termes de la loi, elle s'est laissé entraîner aux plus grandes divergences d'opinions, et même maintenant elle n'est point encore fixée. On peut dire néanmoins, qu'en général, cette énonciation : « J'hypothèque ma ferme de tel endroit, » est considérée comme suffisante. — Au contraire, que cette énonciation : « J'hypothèque tous les biens que j'ai dans telle commune, » serait jugée insuffisante, comme ne contenant aucune désignation de la nature des biens.

Un débiteur ne peut valablement hypothéquer que les immeubles qui lui *appartiennent actuellement.* Notre article 2129 entend ces mots dans le sens que nous avons indiqué en expliquant l'article 2125. Puis en terminant il ajoute que « les *biens à venir ne peuvent être hypothéqués.* » Cette proscription de l'hypothèque conventionnelle des biens à venir, dont l'idée première appartient à la législation nouvelle, n'est, du reste, que la conséquence immédiate du principe de la spécialité. Comment, en effet, la constitution d'hypothèque pourrait-elle indiquer la *nature* et la *situation* des biens qui ne sont pas encore et ne seront peut-être jamais en la possession du débiteur ?

Tel est le principe de la spécialité considéré sous son premier point de vue, c'est-à-dire dans son application aux immeubles grevés d'hypothèque. Ainsi envisagé, ce principe subit deux limitations que nous allons immédiatement préciser.

II. — La première de ces limitations résulte de l'art. 2130. Après avoir prohibé dans l'article précédent l'hypothèque des biens à venir, la loi ajoute dans l'art. 2130 :

« Néanmoins, si les biens présents et libres du débiteur sont insuffisants pour la sûreté de la créance, il peut, en exprimant cette insuffisance, consentir que chacun des biens qu'il acquerra par la suite, y demeure affecté à mesure des acquisitions. »

Ainsi l'hypothèque des biens à venir est, dans un cas exceptionnel, admise par la loi. Mais il faut pour cela que trois conditions se trouvent réunies : il faut : 1° que les biens présents et libres soient insuffisants ; — 2° que l'insuffisance soit déclarée ; — 3° que le débiteur hypothèque ce qu'il a de biens et consente en même temps que chacun des biens qu'il acquerra par la suite demeure affecté à la créance à mesure des acquisitions.

Il faut d'abord que les biens présents et *libres* soient insuffisants. La loi ajoute à dessein ces mots : « et libres. » En effet, il y a insuffisance de biens non-seulement lorsque la valeur des immeubles n'atteint pas la créance, mais lorsque, leur valeur ne lui étant pas inférieure, ils sont grevés déjà de telle sorte que la créance ne puisse pas être suffisamment garantie.

Il faut, en second lieu, que l'insuffisance soit déclarée dans l'acte qui contient la constitution d'hypothèque. Or, il se pourrait que cette déclaration d'insuffisance fût contraire à la vérité : dans ce cas, la constitution d'hypothèque resterait-elle néanmoins valide ? Quelques auteurs soutiennent l'affirmative en prétendant que la loi n'a donné à personne, pas même aux créanciers du constituant, le droit de contrôler la déclaration. — Nous pensons, au contraire, que le débiteur, par cette déclaration mensongère, ayant agi en *fraude de la loi*, l'hypothèque est radicalement nulle comme ayant été consentie en dehors des cas permis; que dès lors, toute personne ayant intérêt à la faire tomber, a, par là même, qualité pour en faire prononcer la nullité. Mais, bien entendu, elle restera valable, quant *aux biens présents spécialement désignés. Utile per inutile non vitiatur.*

Enfin, en même temps qu'il hypothèque ses biens à venir, le débiteur doit affecter tous ses immeubles présents à la sûreté de la créance. La loi nous montre par là que si elle déroge au principe de la spécialité, elle ne l'abandonne pourtant point, et qu'elle n'admet l'hypothèque des biens futurs que comme l'accessoire, le complément de l'hypothèque *spéciale*, constituée sur les immeubles présents.

De ce que l'affectation des immeubles à venir est purement subsidiaire, nous concluons, malgré l'opinion contraire de plusieurs auteurs, que celui qui n'aurait pas des biens présents, qu'il pût affecter principalement, ne pourrait pas offrir en gage ses biens à venir. En effet, l'art. 2130 accorde cette faculté à ceux dont les biens *sont insuffisants* et à ceux-là seulement. Peut-on dire que ceux qui n'ont aucun bien, ont des biens *insuffisants ?* Non; l'expression serait tout à fait impropre. Or, lorsqu'une disposition de la loi est exceptionnelle, les principes défendent de l'étendre à un cas autre que celui prévu par la loi. Ainsi la pensée qui, selon nous, a guidé le législateur dans la rédaction de l'art. 2130, et les termes mêmes de cet article nous font regarder comme inadmissible tout autre système que celui que nous venons d'indiquer.

Moyennant le concours de ces trois conditions posées par l'art. 2130, le débiteur « peut consentir que chacun des biens qu'il acquerra par la suite y demeure affecté *à mesure des acquisitions.* » Que signifient ces derniers mots de notre article ?

Ils ont pour but de rappeler que l'hypothèque ne viendra affecter les immeubles que lorsqu'ils seront acquis au débiteur. Jusqu'à ce moment, l'hypothèque n'aura pour objet que les biens présents au moment de la constitution. Puis, à mesure qu'une nouvelle acquisition fera naître une nouvelle hypothèque, le créancier devra requérir une nouvelle inscription pour prendre rang sur l'immeuble acquis à la date de cette inscription. Nous aurons à revenir sur ce point en étudiant l'article 2134.

III. — Une seconde limitation au principe de la spécialité du gage hypothécaire, a été déposée par la loi dans l'article 2131. Voici cet article :

« *Pareillement*, en cas que l'immeuble ou les immeubles présents assujettis à l'hypothèque eussent péri, ou éprouvé des dégradations, de manière qu'ils fussent devenus insuffisants pour la sûreté du créancier, celui-ci pourra ou poursuivre dès à présent son remboursement, ou obtenir un supplément d'hypothèque. »

Le mot *pareillement* se rapportant au mot *néanmoins*, qui commence l'article précédent, indique que, comme lui, l'article 2131 contient une dérogation au principe de la spécialité. Et, en effet, la spécialité ayant pour effet de cantonner l'hypothèque sur un immeuble déterminé, il semblerait que le débiteur qui l'a fourni a satisfait, pour le tout, à son obligation *réelle*, quels que soient les événements qui viendront par la suite affecter le gage qu'il a fourni. Mais la loi a considéré que le créancier, qui n'a accordé un terme que sous la condition d'une hypothèque, ne doit point être frustré dans son espoir. C'est dans cette pensée qu'elle a dérogé au principe de la spécialité.

Voici l'hypothèse où se place la loi. Un terme a été accordé par le créancier à son débiteur à condition que celui-ci lui donne une hypothèque. L'hypothèque étant constituée, l'immeuble *dépérit ou se détériore* avant l'échance du terme. C'est dans ces circonstances que la loi vient au secours du créancier, en lui offrant le bénéfice de notre article. — Etudions d'abord l'hypothèse elle-même. Malgré la généralité des termes de l'art. 2131, il faut, avant tout, mettre à part le cas dans lequel la perte ou la détérioration de l'immeuble serait arrivée par le fait du débiteur. Ce cas est réglé non par l'article 2131, mais par l'article 1188, qui prive tout simplement du *bénéfice du terme* le débiteur qui a causé la perte ou la dégradation, sans lui attribuer aucunement la faculté d'offrir des sûretés nouvelles. Telle n'est point, ainsi que nous le verrons tout à l'heure, la situation faite par notre article au débiteur, qui n'a été pour rien dans les pertes ou détériorations survenues au gage hypothécaire.

Supposons donc que ces événements soient purement *fortuits*. Il faut de plus pour que l'hypothèse de la loi soit réalisée, qu'ils aient causé des pertes ou détériorations *matérielles*. Ainsi notre article ne s'appliquerait pas dans le cas où des événements extérieurs auraient amené une dépréciation de l'immeuble sans l'atteindre directement.

Il faut enfin que la diminution des sûretés ait eu pour cause des événements que le créancier ne pouvait pas prévoir. Ainsi la détérioration de l'immeuble résultant de la perception *régulière* des fruits ou des arbres, n'autoriserait pas le créancier à se plaindre; il en serait autrement si les coupes de bois étaient extraordinaires, insolites. Ainsi encore, il n'y aurait pas perte, détérioration dans le sens de notre article 2131, si le débiteur vendait l'immeuble hypothéqué. Cette aliénation, il est vrai, rend moins bonne la position du créancier en ce que les tiers acquéreurs prescrivent par dix ou vingt ans, et que leur prescription commence à courir avant l'expiration du terme. Mais il n'en est pas moins vrai que le créancier ne pourrait réclamer le bénéfice de l'art. 2131. C'était là, en effet, un inconvénient qu'il avait dû prévoir, qu'il avait accepté d'avance, puisqu'il savait que l'hypothèque n'enlève pas au débiteur la faculté d'aliéner. Du reste, l'article 2167 tranche tous les doutes en accordant au tiers acquéreur les termes et délais dont jouissait le débiteur originaire.

Notre article suppose donc qu'un événement fortuit et imprévu a causé la perte ou la détérioration de l'immeuble affecté. Dans cette hypothèse, voyons quel secours la loi donne au créancier : « Le créancier, dit notre article, pourra ou poursuivre dès à présent son remboursement ou obtenir un supplément d'hypothèque. » L'option entre le remboursement immédiat et le supplément appartient au débiteur. Il est vrai que la phrase dont se sert la loi manque d'exactitude : on pourrait penser, à première vue, qu'elle appartient au contraire au créancier, comme dans le cas indiqué plus haut de l'art. 1188. Ce serait une erreur. La loi ne peut contraindre le débiteur qui n'est nullement en faute à fournir autre chose que les sûretés promises. Si elle donne au créancier le droit d'exiger le remboursement parce que le condamner à attendre le terme serait l'exposer aux plus grands dangers, ce droit du créancier est toujours subordonné à la faculté qui appartient au débiteur d'arrêter son action en lui offrant un supplément d'hypothèque. C'est, du reste, ainsi que tous les auteurs entendent l'article 2131.

Remarquons que l'hypothèque établie sur ce supplément de gage est une hypothèque nouvelle et non point la même hypothèque se transportant d'un immeuble sur un autre et subsistant en vertu du contrat primitif. Cette observation est importante au point de vue de l'inscription qui devra être prise pour cette seconde hypothèque comme pour la première.

Nous devons parler ici de deux cas spéciaux qui se rapportent à notre article.

Un débiteur est exproprié de son immeuble pour cause d'utilité publique. Cet immeuble était hypothéqué. Y aura-t-il lieu à appliquer la disposition de notre article 2131? Non. En effet, d'après la loi du 3 mai 1841, art. 17 et 18, le prix dû par l'Etat est subrogé de telle sorte à l'immeuble, que les créanciers hypothécaires sont colloqués sur ce prix comme ils le seraient sur un prix dû par un acheteur. Il en résulte qu'il n'y a pas là *perte* dans le sens de l'article 2131, que le droit du créancier subsiste sur le prix, et que le débiteur ne pourrait le forcer à abandonner ce prix moyennant un supplément d'hypothèque.

Il en serait autrement de la somme payée par une compagnie d'assurances après l'incendie de l'immeuble hypothéqué. Aucune subrogation réelle n'existe en effet pour cette somme; de telle sorte que tous les créanciers, sans distinction, ont sur elle le même droit proportionnel à leurs créances. Il s'ensuit que le créancier qui avait hypothéqué sur l'immeuble incendié n'ayant sur cette somme aucun droit spécial, l'art. 2131 recevrait ici son entière application.

IV. — Nous rattachons à la question de la spécialité du gage hypothécaire, la disposition de l'art. 2133. Cette disposition n'a point pour but de modifier le principe, mais seulement elle a été placée là pour l'expliquer et prévenir au besoin cette exagération qui consisterait à dire que le débiteur, dont la propriété se serait ultérieurement améliorée, pourrait disputer le bénéfice de cette amélioration aux créanciers hypothécaires, sous prétexte qu'elle *ne lui appartenait pas* au moment de la stipulation de l'hypothèque. — Du reste, la règle est commune aux trois sortes d'hypothèques.

Art. 2133. « L'hypothèque acquise s'étend à toutes les améliorations survenues à l'immeuble hypothéqué. »

Le Code, dans l'article 2133, ne fait que se conformer aux principes du droit romain. Il est logique d'ailleurs que l'hypothèque étant assise sur la chose, s'étende avec elle et suive ses modifications; car hypothéquer un immeuble, c'est l'affecter dans toutes ses qualités, et par suite dans ses améliorations éventuelles.

Notre article s'applique tout d'abord aux améliorations *naturelles* ou *acciden-, telles* qui sont venues augmenter la valeur de l'immeuble hypothéqué. Nous voulons parler, en premier lieu, de ces accroissements qui ne sont que des *accessoires* de l'immeuble dans le sens indiqué par les articles 556 à 563 du Code Napoléon. C'est à ces articles que M. Tronchet renvoyait lors de la discussion du projet. Ainsi en est-il des augmentations provenant d'alluvion ou de relais formés par l'eau courante, des terrains transportés par le fleuve d'une rive à l'autre lorsque l'accession est complète, des îles, îlots et attérissements qui se formant dans le lit des fleuves sont devenus par accession la propriété des riverains. Ainsi en est-il encore du lit d'une rivière qui borde l'immeuble hypothéqué, s'il vient à être mis à sec. On sait enfin que lorsqu'un fleuve ou une rivière abandonne son ancien lit pour couvrir un nouveau fonds, le lit abandonné est accordé à titre d'indemnité au propriétaire du fonds envahi. (Art. 563.) On peut se demander si, dans ce cas, l'hypothèque qui frappait le fonds envahi se reporte sur le lit abandonné? Nous croyons qu'il faut encore répondre ici par l'affirmative. Il est vrai que l'article 563 n'accorde le lit abandonné qu'au *propriétaire*. Mais si l'on a jugé à propos de le lui attribuer, c'est à titre d'indemnité. Or, n'est-il pas juste que cette indemnité qui fait revivre la chose dans la *même nature*, profite aux créanciers hypothécaires comme elle profite à leur débiteur?

L'hypothèque s'accroît, en second lieu, de l'extinction des servitudes passives qui grevaient l'immeuble hypothéqué. Ainsi un usufruit pesait sur l'immeuble au moment de la constitution d'hypothèque. Cet usufruit vient à s'éteindre par consolidation. Le créancier hypothécaire profitera de cette augmentation de valeur.

Enfin, et cela est évident, notre règle d'extension s'applique à toutes les causes indirectes qui viennent placer l'immeuble dans de meilleures conditions d'existence. Ainsi l'établissement d'une rue, l'assèchement d'un marais voisin... etc.

Les améliorations *industrielles*, celles qui proviennent du fait de l'homme, sont aussi comprises dans notre article. Telles sont les plantations, les constructions établies sur un terrain, sans qu'on ait à s'inquiéter de l'importance plus ou moins grande de ces innovations. La règle est absolue : *Omne quod solo inœdificatur, solo cedit.* — Il faut faire à ceci deux réserves. La première en faveur des architectes, ouvriers, entrepreneurs qui, ayant fait les travaux et n'ayant point été payés, ont conservé leur privilége sur la plus-value produite, en remplissant les conditions de l'article 2110. La seconde en faveur du tiers possesseur qui, s'il a amélioré, a droit d'être indemnisé jusqu'à concurrence de la plus-value résultant de ses travaux.

Mais la règle de notre article ne s'applique point aux acquisitions nouvelles faites par le débiteur, lors même que ces acquisitions seraient renfermées dans la même clôture que l'ancien immeuble. Il est vrai que s'il s'agissait d'un legs, l'augmentation arrivée dans ces conditions serait comprise dans le legs (art. 1019); mais c'est qu'en matière de legs, on s'attache surtout à l'intention présumée du testateur, tandis que dans l'hypothèque tout est de rigueur.

Nous avons achevé l'examen de la spécialité au point de vue du gage hypothécaire. Nous allons maintenant étudier le principe sous son second aspect, c'est-à-dire quant à l'indication du montant de la créance garantie par l'hypothèque. Ce n'est qu'en observant cette seconde condition de la spécialité que l'acte de constitution d'hypothèque peut présenter la mesure véritable du crédit du débiteur.

§ II. — *De la spécialité quant à la créance garantie.*

I. — Lisons l'article 2132 qui s'occupe de cette question : « L'hypothèque conventionnelle n'est valable qu'autant que la somme pour laquelle elle est consentie est certaine et déterminée par l'acte. Si la créance résultant de l'obligation est conditionnelle pour son existence, ou indéterminée dans sa valeur, le créancier ne pourra requérir l'inscription dont il sera parlé ci-après que jusqu'à concurrence d'une valeur estimative par lui déclarée expressément et que le débiteur aura droit de faire réduire s'il y a lieu. »

Écartons tout d'abord un doute que pourrait faire naître à une première lecture la rédaction imparfaite de notre article. — Il dit d'abord que l'hypothèque n'est valable qu'autant que la créance est *certaine* et *déterminée*; puis, dans la phrase suivante, il établit quelles indications sont nécessaires à la validité de l'hypothèque lorsque la créance est *conditionnelle* pour son existence, c'est-à-dire *incertaine*, et lorsqu'elle est *indéterminée* dans sa valeur. N'est-ce pas dire tour à tour oui et non sur la question de savoir si la créance garantie peut être incertaine et indéterminée? Si donc on prenait notre article à la lettre, on y trouverait une contradiction manifeste. Mais il est très-facile de découvrir la pensée de la loi sous cette antinomie apparente.

La première partie de notre article se rapporte au cas le plus ordinaire, à celui où la créance est *certaine* et *liquide* au moment du contrat; dans cette hypothèse, le principe de la spécialité veut que le montant de cette créance soit déterminé dans le contrat hypothécaire, et cela à peine de nullité.

La seconde phrase au contraire vise le cas où la créance n'est point *liquide* ; or elle peut n'être point liquide pour deux raisons distinctes :

Ce peut être d'abord parce qu'elle est incertaine quant à son *existence*, c'est le cas où l'obligation est affectée d'une condition; — elle peut ensuite être incertaine quant à son *quantum;* alors la créance est dite indéterminée. Telles sont les deux espèces dont la loi s'occupe dans la dernière phrase de l'art. 2132, et en vue desquelles elle est obligée de modifier le principe de la spécialité dans l'application qu'elle fait à chacune d'elles de ce principe. Or voici en quoi consiste la modification : c'est que dans l'acte constitutif d'hypothèque, il n'est fait aucune mention des valeurs garanties, mais que le créancier ne peut requérir l'inscription, sans déclarer dans cette inscription la *valeur estimative* de sa créance assurée. Cette déclaration, faite dans l'acte public de l'inscription, sert à porter à la connaissance des tiers l'état approximatif du crédit du débiteur.

Remarquons, avant de terminer, que si la loi semble mettre sur la même ligne, quant à la déclaration estimative, la créance conditionnelle et la créance indéterminée, il importe néanmoins de ne pas les confondre. Il ne peut y avoir en effet d'évaluation proprement dite que pour la créance indéterminée dans son *quantum*. Pour la créance conditionnelle, toute approximation serait illusoire et fautive. Comment apprécier en argent les chances plus ou moins grandes résultant de la condition qui affecte la créance? C'est évidemment impossible. Aussi n'est-ce point une évaluation de cette nature qui est exigée quand la créance est conditionnelle, mais la simple déclaration de l'existence d'une condition. Dès lors en effet que l'inscription fera connaître en même temps et le chiffre de la dette et l'existence toute précaire de cette dette, elle fournira très-exactement aux tiers la situation du crédit du débiteur. C'est tout ce que la loi exige.

Dans le cas où la dette étant indéterminée dans sa valeur, le créancier a dû en déclarer à l'inscription la valeur estimative, « le débiteur a le droit de la faire réduire, s'il y a lieu, » conformément aux articles 2163 et 2164.

II. — Nous avons terminé l'étude des articles qui se rapportent aux formes intrinsèques des hypothèques. Cependant, avant de clore cette section, nous voulons placer ici quelques observations qui peuvent se rattacher à l'art. 2132.

Cet article nous a montré d'une manière indirecte que l'hypothèque, obligation accessoire, peut s'attacher aussi bien à une créance conditionnelle qu'à une créance pure et simple. C'était en effet la doctrine romaine, et c'est aujourd'hui le principe universellement admis que l'hypothèque peut garantir toute obligation principale, du moment qu'elle est valable civilement. Les modalités qui peuvent l'affecter ne portent aucune atteinte au droit de préférence résultant de l'hypothèque. L'inscription prise après la constitution d'hypothèque fixe le rang du créancier d'une manière absolument indépendante de l'événement du terme ou de la condition qui modifient l'obligation principale.

Mais en est-il de même lorsque la condition de l'obligation consiste non pas en un événement fortuit, mais dans un fait dont le débiteur peut à son gré procurer ou empêcher la réalisation ? C'est le cas des promesses de prêt ou encore des *ouvertures de crédit* qui ne sont autre chose que des promesses de prêt commercial. — Voici l'espèce :

Pierre, négociant, demande à Paul, banquier, de lui ouvrir un crédit jusqu'à concurrence de telle somme, qu'il demeurera libre, du reste, de toucher ou de ne pas toucher. Paul consent à créditer Pierre de la somme demandée, à condition qu'il lui soit fourni une hypothèque pour sûreté de son prêt. L'hypothèque est consentie et immédiatement inscrite; on se demande si elle remonte au jour même de l'inscription, ou bien si elle ne prendra rang que lorsque le prêt aura été réalisé.

Cette question est subordonnée à une question préliminaire qui a soulevé de graves controverses. On s'est d'abord demandé si une telle hypothèque peut être valable. La raison de douter venait de l'article **1174**, qui dispose « que toute obligation est nulle, lorsqu'elle a été contractée sous une *condition potestative* de la part de celui qui s'oblige. » Mais on a reconnu que ce n'était point le cas de l'espèce qui nous occupe. En effet, le banquier, qui seul est obligé par la convention de crédit, n'est point libre de refuser la réalisation du prêt qu'il a promis. Dès lors on a senti qu'il y avait là un lien de droit suffisant pour qu'on y pût rattacher une stipulation d'hypothèque. C'était là du reste le système du droit romain. Aussi désormais toute contestation a cessé sur le principe de l'hypothèque appliqué à l'ouverture de crédit.

Quant à la question que nous posions tout à l'heure, celle du rang que doit obtenir l'hypothèque ainsi constituée, elle est loin encore d'être résolue par les auteurs d'une manière aussi uniforme. Nous pensons avec la jurisprudence qui, sur ce point, semble à peu près fixée, que l'hypothèque produit effet du jour du contrat, et non pas seulement du jour de la réalisation du prêt; en conséquence, qu'elle est préférable non-seulement aux hypothèques consenties depuis le jour de la réalisation, mais encore à celles consenties avant cette époque et après le contrat. Cette solution, qui seule est conforme aux intérêts de la pratique, se concilie du reste parfaitement avec les principes du droit. En effet, la demande que je vous adresse de m'ouvrir un crédit, n'est autre chose qu'un mandat que je vous donne de me procurer des fonds. Or, je ne vois pas en vertu de quel principe il me serait défendu de constituer, *dès aujourd'hui,* une sûreté pour l'exercice d'un mandat *donné aujourd'hui,* et en vertu duquel j'ai contracté aujourd'hui même l'obligation de vous indemniser de son exécution.

Il existe encore plusieurs autres questions au sujet de l'hypothèque constituée pour assurer une ouverture de crédit. Ces questions se rattachant moins directement au sujet de notre thèse, nous ne les examinerons point ici.

CHAPITRE QUATRIÈME.

DE L'EFFET DES HYPOTHÈQUES AU POINT DE VUE DU DROIT DE PRÉFÉRENCE.

I. — Nous avons vu dans les chapitres précédents quelles sont les conditions de capacité et de formes qui sont essentielles au contrat d'hypothèque. Nous allons examiner, dans un dernier chapitre, comment l'hypothèque ainsi établie arrive à se vivifier et à constituer au profit du créancier qui l'a obtenue une véritable cause de préférence sur les biens de son débiteur. Cette condition, nécessaire à l'efficacité de l'hypothèque, c'est la *publicité.* L'hypothèque ne peut prendre rang sur les biens du débiteur que lorsqu'elle a été rendue publique.

C'est là l'innovation la plus importante que les lois modernes aient introduite dans le régime hypothécaire.

A Rome, l'hypothèque était opposable aux tiers, indépendamment de toute publicité. Aussi, le rang des créanciers ayant hypothèque sur un même immeuble, était-il déterminé par la date des événements qui avaient donné naissance à l'hypothèque. S'il s'agissait d'hypothèques conventionnelles, par exemple, le rang de chacune d'elles était déterminé par la date de chacune des conventions qui les avaient produites. Alors la vieille règle « *Prior tempore, potior jure* » venant s'appliquer, le créancier qui, le premier dans l'ordre des temps, avait stipulé hypothèque, était préféré à celui qui avait contracté le second, et cela, sans qu'on s'inquiétât de savoir si le second créancier avait ou non eu connaissance de la première hypothèque.

Dans notre ancien droit, le système romain fut suivi dans presque toute la France, même dans les pays de coutumes. Quelques provinces pourtant, dites provinces de *saisine* ou de *nantissement,* admirent une sorte de publicité, basée sur la nécessité pour le créancier hypothécaire de se faire nantir de son droit, par le seigneur haut justicier du pays. Dans les autres provinces, qui, comme nous l'avons dit plus haut, furent de beaucoup les plus nombreuses, on sentit de bonne heure les immenses inconvénients du système de clandestinité au point de vue du crédit public. Plusieurs tentatives furent faites pour y remédier. Trois édits, celui de 1580, rendu par Henri III, celui de 1606, et enfin l'édit de 1673, dû au génie de Colbert, échouèrent dans cette entreprise devant les préjugés de l'époque, et durent être révoqués peu de temps après leur publication.

Dans le droit intermédiaire, les lois du 9 messidor an VIII et du 11 brumaire an VII, vinrent poser le principe de la publicité de la manière la plus absolue, en requérant l'inscription de toutes les hypothèques sans exception. — Le Code a maintenu le même principe, sauf une double exception, l'une en faveur des mineurs et des interdits, l'autre en faveur des femmes mariées. Quant aux hypothèques conventionnelles, le principe est demeuré dans toute sa vigueur : elles restent sans aucun effet, si elles n'ont été rendues publiques par l'inscription.

C'est ce principe, envisagé au point de vue du droit de préférence, qui est contenu dans la disposition de l'article 2134 :

« Entre les créanciers, l'hypothèque (soit légale, soit judiciaire, soit) *conventionnelle,* n'a de rang que du jour de l'inscription prise par le créancier sur les registres du conservateur, dans la forme et de la manière prescrites par la loi.... »

Ainsi, le besoin de la publicité est venu introduire dans l'hypothèque un élément nouveau, *l'inscription.* L'inscription, c'est le mode de publicité choisi, et pour s'assurer que cette formalité ne sera jamais omise, la loi veut que l'hypothèque demeure comme sans vie, jusqu'à ce qu'elle ait été remplie. Aucune autre voie de publicité ne peut la suppléer; et ce serait méconnaître complétement la pensée de la loi que d'opposer à un créancier, qui excipe du défaut d'inscription, la connaissance qu'il aurait eue personnellement de la constitution d'hypothèque. Ainsi, l'hypothèque n'est nullement opposable aux autres créanciers tant qu'elle n'a pas été inscrite. Et ici nous ne faisons aucune différence entre les créanciers hypothécaires et les créanciers chirographaires, parce que nous ne trouvons point dans la loi la trace d'une pareille distinction.

Mais du moment que l'inscription a été accomplie, elle a pour effet, dit notre article, de déterminer le rang de l'hypothèque *entre les créanciers*. Peu importe dès lors, la date du contrat qui a donné naissance à l'hypothèque. Une seule, chose est intéressante à connaître, la date de l'émission des inscriptions. L'ancienne règle *prior tempore, potior jure*, subsiste toujours, c'est toujours elle qui détermine le rang entre les créanciers, mais elle n'a plus le sens qu'on lui attribuait autrefois, le mot *tempore* ne se rapporte plus à l'époque du contrat d'hypothèque, mais au jour où l'inscription de l'hypothèque a été opérée.

D'après cela, voyons dans quel ordre le prix d'un immeuble, grevé de plusieurs hypothèques, sera distribué aux créanciers.

Si aucun des créanciers hypothécaires ne s'est fait inscrire, les choses se passeront absolument comme s'il n'existait point d'hypothèque, en vertu du principe que l'hypothèque non inscrite est censée inexistante à l'égard des tiers.

Si quelques-uns se sont inscrits, tandis que d'autres ne l'ont pas fait, ceux-ci seront exclus par les premiers.

Si tous se sont inscrits, mais à des dates différentes, le premier inscrit sera préféré au second, le second au troisième et ainsi de suite, sans que l'on ait à s'inquiéter du jour où l'hypothèque de chacun d'eux a été constituée.

Si enfin tous se sont inscrits le même jour, ils concourront entre eux. *Qui concurrunt tempore concurrunt jure.* (Art. 2147.)

Nous avons dit, avec notre article 2134, que l'inscription est requise pour assurer le rang des hypothèques *entre créanciers*. Il suit de là qu'elle n'est point requise à l'égard du débiteur. Et, en effet, tout créancier, porteur d'un titre authentique, peut faire exproprier son débiteur (art. 2213 C. C.); il n'est donc pas nécessaire à un créancier hypothécaire de s'être fait inscrire pour forcer un débiteur à remplir ses engagements sur ses immeubles.

II.—C'est ici le lieu de revenir sur une question que nous n'avons fait que toucher en étudiant l'art. 2130. On sait que dans le cas exceptionnel de cet article, les biens à venir peuvent être affectés par hypothèque conventionnelle. On s'est demandé, à ce sujet, si le créancier a besoin de prendre une inscription nouvelle sur chaque immeuble qui entre dans le patrimoine du débiteur, en d'autres termes, si l'hypothèque consentie conformément à l'article 2130, a un seul rang, celui de l'inscription primitive, ou bien si elle se divise en plusieurs hypothèques ayant chacune la date de l'inscription prise après une acquisition nouvelle. Des auteurs ont prétendu qu'il n'est besoin que d'une inscription, qui doit donner sa date à toutes les hypothèques qui viendront affecter les immeubles futurs. Il nous est impossible d'admettre cette solution en présence des termes si précis de notre art. 2134 d'abord : l'hypothèque n'a *de rang que du jour de l'inscription,*—et ensuite, de la disposition de l'article 2148 n° 5, en vertu de laquelle une inscription n'est utile qu'à la condition de désigner *spécialement* l'immeuble hypothéqué. C'est là un principe auquel il n'a été fait aucune dérogation en ce qui concerne les hypothèques conventionnelles. Or, si l'inscription doit, pour être valable, désigner *spécialement* l'immeuble hypothéqué, aucune inscription ne pourra précéder l'acquisition des immeubles par le débiteur. D'un autre côté, l'hypothèque sur ces immeubles, une fois acquis, est censée inexistante tant qu'elle n'a pas été inscrite; nous sommes donc fondés à conclure que l'hypothèque consentie dans les termes de l'article 2130 ne sera réalisée, quant aux biens à venir, qu'au moyen d'inscriptions successives, faites à mesure des acquisitions. Il résulte de là que le même créancier obtiendra sur les biens à venir des hypothèques dont les dates différeront de la date de l'hypothèque des biens présents.

APPENDICE

On voit souvent se produire, aux approches d'une faillite, des fraudes ayant pour but soit de soustraire des valeurs à la masse des biens du failli, soit d'établir des causes de préférence au profit de quelques-uns des créanciers, au détriment des autres et au mépris du principe d'égalité qui est la base de la législation des faillites. La loi devait chercher à prévenir ces actes frauduleux dans lesquels il y a presque toujours collusion avec les tiers, du débiteur qui a cessé ses paiements ou qui se voit à la veille de les cesser. C'est ce qu'elle a fait en édictant les dispositions contenues dans les articles 446, 447 et 448 du Code de Commerce.

Dans le dernier alinéa de l'article 446 et dans l'article 448, que nous avons à étudier, la loi s'occupe spécialement, pour les annuler, des actes qui, pouvant avoir pour effet de constituer des causes de préférence sur les biens du débiteur, présentent, eu égard aux circonstances dans lesquelles ils ont été faits, un caractère frauduleux. — Voici les termes de nos articles :

Art. 446. « Sont nuls et sans effet, relativement à la masse, lorsqu'ils auront été faits par le débiteur depuis l'époque déterminée par le tribunal comme étant celle de la cessation de ses paiements, ou dans les dix jours qui auront précédé cette époque... toute hypothèque conventionnelle ou judiciaire, et tous droits d'antichrèse ou de nantissement constitués sur les biens du débiteur pour dettes antérieurement contractées. »

Art. 448. « Les droits d'hypothèque et de privilége valablement acquis pourront être inscrits jusqu'au jour du jugement déclaratif de faillite. — Néanmoins, les inscriptions prises après l'époque de la cessation des paiements ou dans les dix jours qui précèdent, pourront être déclarées nulles, s'il s'est écoulé plus de quinze jours entre la date de l'acte constitutif de l'hypothèque ou du privilége et celle de l'inscription. »

Voyons d'abord dans quel temps ces actes doivent avoir été faits pour qu'ils puissent être frappés de nullité. — Il faut, dit la loi, qu'ils aient eu lieu depuis l'époque déterminée par le tribunal de commerce *comme étant celle de la cessation des paiements* ou dans les dix jours qui précèdent. La loi suppose, en effet, que le débiteur a connu dès cette époque l'état mauvais de ses affaires et que dès cette époque il a pu agir dans un but frauduleux.

Recherchons maintenant dans quelles conditions doivent avoir été faits les actes dont parlent nos articles pour qu'ils puissent être frappés de nullité.

Parlons d'abord de la disposition de l'art. 446. Les hypothèques, soit conventionnelles, soit judiciaires, sont nulles de plein droit lorsqu'elles ont été acquises en temps suspect *pour dettes antérieurement contractées*. De cette restriction posée par la loi, il résulte que l'hypothèque ne serait point frappée de nullité, si elle avait eu pour objet la sûreté de sommes versées par le prêteur en même temps que les hypothèques sont acquises. La raison de cette différence est facile à saisir. La loi ne veut pas que des créanciers qui avaient suivi la foi du débiteur puissent, lorsqu'ils apprennent le mauvais état de ses affaires, s'entendre avec celui-ci ou l'actionner utilement afin d'obtenir une cause de préférence au préjudice des autres créanciers. Mais lorsque la constitution d'hypothèque a eu pour objet une dette contractée *actuellement* par le négociant, l'acte ne soulève plus aucun motif de défiance et la même présomption de fraude ne saurait l'atteindre.

Remarquons, en outre, ces mots de notre article : Sont nuls *relativement à la masse ;* ils signifient que la nullité de ces hypothèques n'est prononcée que dans l'intérêt de la masse des créanciers du failli ; par conséquent, elles seraient

8

parfaitement valables à l'égard de celui-ci et de ses créanciers postérieurs à la faillite.

Quant à la disposition contenue dans l'art. 448, elle suppose que des hypothèques et priviléges ayant été valablement acquis, ils n'ont pas été inscrits avant les dix jours qui précèdent la cessation de paiements. Cela étant, on peut se demander si, après cette époque et avant le jugement déclaratif de faillite, l'inscription de ces priviléges et hypothèques pourra être utilement prise. A quoi notre article répond affirmativement, « pourvu, ajoute-t-il, qu'il ne se soit pas écoulé plus de quinze jours entre la date de l'acte constitutif de l'hypothèque ou du privilége, et celle de l'inscription. » La loi a voulu empêcher par là une collusion concertée entre le débiteur et le créancier, qui se produisait très-souvent dans la pratique. Elle consistait en ceci, que le créancier retardait à dessein l'inscription de son hypothèque pour ménager au débiteur un crédit apparent qui pût induire les tiers en erreur sur sa véritable position. Telle est la fraude que la loi a voulu déjouer en donnant aux tribunaux le droit d'annuler l'inscription toutes les fois qu'il s'est écoulé plus de quinze jours entre l'accomplissement de cette formalité et l'acte constitutif du privilége ou de l'hypothèque.

Du reste, les tribunaux auront à apprécier les circonstances qui ont fait retarder l'inscription : la loi, en effet, ne dit pas ici que les inscriptions tardives *seront* annulées, comme elle le dit en l'art. 446 des hypothèques acquises en temps suspect; elle dit seulement que les hypothèques *pourront* être annulées. L'inscription sera annulée si le créancier par son retard a induit les tiers en erreur et leur a causé un préjudice, à moins qu'il ne prouve que ce retard provient d'une force majeure, ou tout au moins qu'il ne l'explique par des raisons plausibles.

L'inscription tardive sera au contraire validée, si les syndics ne prouvent pas que les tiers aient pu être induits en erreur par la tardiveté de l'inscription, et qu'il en soit résulté un préjudice pour la masse.

QUESTIONS CONTROVERSÉES

DROIT ROMAIN

I. La règle : « Qui prior est tempore, potior est jure, » s'applique-t-elle aux hypothèques établies sur les biens à venir ? Oui.

II. Le tiers qui succède au créancier *potior*, est-il subrogé à ses droits et actions autres que ses droits et actions hypothécaires ? Non.

DROIT FRANÇAIS

I. L'hypothèque est-elle un démembrement du droit de propriété ? Oui.

II. L'hypothèque qui est nulle comme ayant été constituée par un non-propriétaire, est-elle validée par le fait que le constituant est devenu ultérieurement propriétaire de l'immeuble ? Non.

III. Le mineur émancipé peut-il valablement hypothéquer ses biens pour la sûreté des obligations qu'il est capable de contracter ? Non.

IV. La ratification donnée par une personne majeure à l'hypothèque qu'elle a consentie pendant qu'elle était mineure, a-t-elle toujours un effet rétroactif ? Oui.

V. Le mandat portant procuration à l'effet de consentir hypothèque, doit-il être revêtu de la forme authentique ? Oui.

VI. L'hypothèque des biens à venir, consentie conformément à l'art. 2130, à la suite d'une déclaration d'insuffisance des biens présents, est-elle valable si la déclaration est mensongère ? Non.

VII. Le débiteur qui n'a pas de biens présents, peut-il hypothéquer ses biens à venir? Non.

VIII. L'hypothèque constituée pour sûreté d'une ouverture de crédit remonte-t-elle, pour les diverses sommes que le débiteur a successivement prélevées au jour de l'inscription prise en vertu de l'acte de constitution, ou bien ne date-t-elle, pour chacune de ces sommes, que du jour où elle a été versée? — Elle remonte au jour de l'inscription primitive.

Droit Commercial.

Une hypothèque est-elle valablement constituée dans un billet à ordre souscrit en la forme authentique, et la cession peut-elle être opérée par la voie de simple endossement? Oui.

Code de Procédure.

La possession doit-elle être annale pour permettre d'intenter l'action en réintégrande? Oui.

Droit Administratif.

Les actes administratifs emportent-ils de plein droit hypothèque? Peuvent-ils même valablement contenir une stipulation d'hypothèque sans être passés devant notaire? Non.

Vu pour l'impression :

Le doyen, ED. BODIN.

Nantes, imp. Vincent Forest et Émile Grimaud, place du Commerce, 4.